旅する煉瓦

深尾精一
Seiichi Fukao

鹿島出版会

CONTENTS

CONTENTS

CONTENTS

旅に出る前に——はじめに

北海道庁旧本庁舎（札幌市）は、赤煉瓦の重要文化財としてよく知られています。一八八八（明治二一）年の建設で、現存する煉瓦造としては比較的古く、フランス積みであると紹介されています。しかし、煉瓦造の本家であるヨーロッパでは、「フランス積み」という言葉は通用しません。「French bond」という用語はなく、フランス積みは明治時代に誤って使われ始めた用語のようです。北海道庁旧本庁舎の煉瓦の積み方は、英語では「フレミッシュボンド」と呼ばれています。「フランダース地方の積み方」ということでしょうが、どうも、それも根拠があるのかどうか疑わしいのです。

煉瓦造がほとんど建設されなくなってからほぼ一〇〇年が経つ現在では、煉瓦の積み方は表層的な理解しかされないようになってしまいました。しかし、イギリス積みとかオランダ積みという表現は、煉瓦をどのように組み合わせて厚い壁体を造るかという技であって、表面のパターンで語られるものではないのです。

煉瓦の積み方について語るために、使われる用語について少し述べておきましょう。煉瓦の形状には世界中で様々なものがありますが、日本の煉瓦造に使われる多くのものは直方体の形状で、ＪＩＳ（日本産業規格）では、標準煉瓦の大きさは、二一〇×一〇〇×六〇ミリメートルとなっています。

そして、直方体の細長い側面を「長手」、短い側面を「小口」と呼んでいます。煉瓦は通常、モルタルなどを介して積みます。昔は漆喰が使われました。その目地の厚さや幅、すなわち目地幅を一〇ミリメートルとすると、長手を並べたときのピッチは二二〇ミリメートルで、小口を並べたときのピッチの一一〇ミリメートルの二倍になります。煉瓦の大きさが異なっても、目地込みで二倍となるのが原則です。

小口の縦横比は、一〇〇対六〇で一・六七、目地込みだと一一〇対七〇で一・五七となるので、黄金比（一・六一八…）に近くなっていることも見逃せません。

一般的な壁体は標準の煉瓦を組み合わせて構築することができますが、隅角部や端部、窓と取り合う部分では、異なる大きさの煉瓦が必要とされ、左ページ左図のようなものが使われます。標準の形状の煉瓦の四分の三の大きさのものを「七五」、約半分の大きさの上から見て正方形のものを「半ます」、縦にふたつに割ったものに近いものを「ようかん（羊かん）」と呼んでいます。ただし、目地込みの比率ですので、実際の寸法はそれぞれ、

北海道庁旧本庁舎

北海道庁旧本庁舎の立面

一五五×一〇〇、一〇〇×一〇〇、二一〇×四五です。基本的にはこの三種類の大きさの煉瓦を用いて、直交する壁体を構築するのが煉瓦積みの基本です。

水平の目地はどのような積み方でも通っており、この水平目地に挟まれた煉瓦の並びを「コース」と呼んでいます。日本語では「段」でよいでしょうか。

図では煉瓦の形状の種類をレゴで示しましたが、煉瓦の積み方もレゴで検証することができます。ただ、レゴはぴったり組み合わせる玩具なので、目地がないところは異なります。

なお、玩具のレゴの原型はイギリスにあったようですが、デンマークのレゴ社が現在のレゴの形に発展させました。ともに煉瓦造が盛んな国ですから、納得がいきます。

北海道庁旧本庁舎の煉瓦積みをよく見ると、ひとつの段において、直方体の煉瓦の長手と呼ばれる面と小口と呼ばれる面が、交互に並んでいることがわかります。パターンとして美しく、「フランス積み」と理解されています。

さらによく見ると、写真の左側には、長手の隣に、小口のさらに半分の大きさの煉瓦が見えます。これは「ようかん」の端部の面です。このような角の処理は、イギリスの煉瓦の積み方によく見られるもので、ここでは「ようかん納め」と呼んでおきましょう。「イングリッシュコーナー」でもよいかもしれません。

一方、右側の端部には、長手の四分の三、小口の一・五倍の幅の煉瓦が見えます。「七五」と呼ばれる煉瓦です。このような角の処理は、オランダの煉瓦の積み方によく見られるもので、ここでは「七五納め」と呼んでおきましょう。「ダッチコーナー」でもよいかもしれません。

このようなコーナーの納め方は、厚さのある壁体の隅角部をどのように構築するか、そして壁面の窓との取り合い部をどのように納めるかという「建築の技法」です。「建築構法」とも言えます。

北海道庁旧本庁舎のように、両側でコーナーの納め方が異なる例は、ヨーロッパではあまり見られません。これは、ここの幅が、小口の七・五倍になっているためです。小口の整数倍の幅であれば、左右は同じ納め方にすることができます。さらに、幅が小口の偶数倍か奇数倍かで処理が異なることになるのです。それについては、海外の旅から戻った後にお話ししましょう。

北海道庁旧本庁舎は、煉瓦をそのまま見せる建築としては凝った設計がなされているため、煉瓦を単位寸法として設計するのではなく、立面を設計し、それを煉瓦で表現するという手法をとったのではないでしょうか。

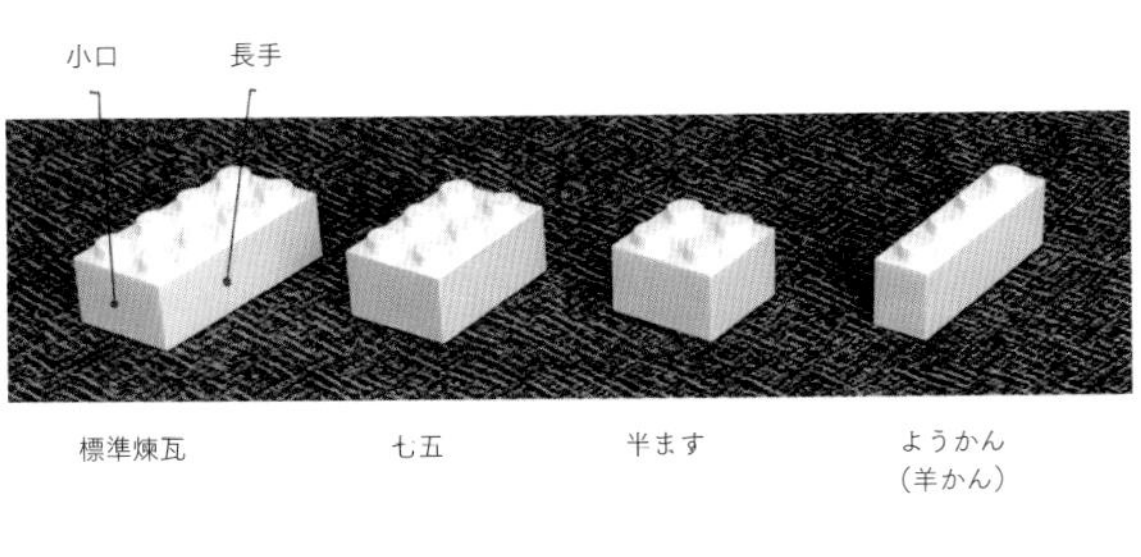

煉瓦の種類

フランス積みと理解されているフレッシュ積み

煉瓦の代表的な積み方として、「イギリス積み」（イングリッシュボンド）と呼ばれる方法があります。

金沢市にある旧第四高等学校校舎（一八九一年建設・重要文化財）は、イギリス積みとされています。

イギリス積みの表面を見ると、長手が並ぶ層と小口が並ぶ層が交互に積み重ねられています。ここでは、窓と窓の間の壁の幅は、小口寸法の八倍であり、左右の納め方が異なっています。この右側の納め方は、先に述べた「七五納め」（ダッチコーナー）ですが、左側は特殊な納め方です。この建築には、他の納め方も用いられていますので、後で詳しく取り上げましょう。

日本では、昭和初期から、この右側のような納め方をした積み方を「オランダ積み」として教科書や建築教育用の教材で紹介されてきました。しかし、これは明らかに間違っていたのです。全国に散らばっている赤煉瓦建物の解説でもオランダ積みと紹介されているものがありますが、それらも間違いです。オランダの煉瓦の積み方は、それとは異なっているのです。そのことを明らかにすることとともに、煉瓦の積み方の正しい知識を知っていただくことは、本書の目的のひとつです。

明治期には煉瓦造についてもかなり研究されたと思われますが、濃尾地震（一八九一年）などの経験で、地震に対して強くない構造であるとされ、二〇世紀に入ると、鉄骨造・鉄筋コンクリート造などにとって代わられるようになりました。そして、煉瓦造は知識として教わるだけになり、建築を学ぶ人の教材に記載されるだけとなったのですが、その結果、教材にも間違いが散見されるようになってしまったのです。

その最たるものは「オランダ積み」で、二〇世紀後半以降の教科書・教材のほとんどで、間違った記述がされています。先に述べた「フランス積み」という誤用についてもそろそろ改めるべきでしょう。

煉瓦は数千年前から存在していたようで、二〇〇〇年前のローマの建築が煉瓦で造られていたことはよく知られています。ただ、ローマ時代の構造は、煉瓦を型枠として積み、その中にコンクリートを充填させたもので、近世の煉瓦造とは本質的に異なっています。

現在、日本で赤煉瓦などと言って親しまれている煉瓦の積み方は、おおざっぱに言って五〇〇年ほど前からのもので、たぶん、オランダなどで発達した積み方であると思われます。その本家の積み方である「オランダ積み」が間違って認識されているのだとすると、それを正しておくことは、二〇世紀の建築を研究してきた者の責務であると思うのです。

それでは、それを確かめる旅に出てみましょう。

オランダの煉瓦積み

イギリス積み

海外編

旅の出発地、オランダ

煉瓦、北欧を巡る

大火で発展したイギリスの煉瓦積み

オランダの影響濃いドイツ・中欧・ベルギー

石造の国の煉瓦、フランス・スペイン

イタリア、北から南へ

煉瓦の故郷、ローマ

CAFE-RESTAURANT
Oud Hol land

旅の出発地、オランダ

アムステルダムの街並み

旅の出発地、オランダ

街並みに顔を出す煉瓦

「旅する煉瓦」は、オランダのアムステルダムから出発します。

明治の初めに日本にまでやってきた煉瓦造は、その積み方のパターンが「イギリス積み」や「フランス積み」などと呼ばれています。ヨーロッパから渡ってきたものなのですが、建築の教科書にはもうひとつ「オランダ積み」というものが紹介されています。

日本に入ってきた「規則正しく積み上げる煉瓦造」は、一五、一六世紀ごろにオランダで確立したものらしいのですが、教科書に載っている「オランダ積み」の図は、どうやら怪しいのです。となると、まずはオランダに出向いて、本場の煉瓦の積み方を見なくてはなりません。

オランダの首都、アムステルダムの街は、細い立面の煉瓦造の家並みで構成されています。パリの整った街とは対極的です。雑然とした印象を与えるものの、その個性の主張は、陽気な楽しさにあふれています。なぜこのような景観になったのでしょうか。それには、建設時期、税などの社会制度、建設主体の違いなど、さまざまな背景があるのでしょう。オランダ人の気質も関係あるかもしれません。

ドルトレヒトなど、他の古い街でも、煉瓦の外壁が街並みを構成しています

　そこは皆さんにお考えいただくとして、まずは建築の外壁に注目してみましょう。パリの整った街並みが、おもに石材で構成されているのに対して、オランダでは煉瓦がそのまま現れていることに注目しなくてはなりません。煉瓦の国、オランダです。

　なぜ、オランダでは煉瓦がむき出しで建築の外壁となっているのでしょうか。一般的に、床や屋根を支えるために強度が求められる壁などの「躯体」は、雑でもよいからしっかりと造り、建物の表情となる仕上げは、丁寧な左官工事や加工のしやすい仕上げ材で覆うのが常套手段です。

　ところが、オランダでは、規則正しく丁寧に煉瓦を積み上げる技術が発達したために、実利的なオランダならではの表現として、仕上げを省く建築が増えたのではないかと思われます。

「オランダ積み」の基本

　発達した焼成方法で形状の安定した煉瓦を、下の図のように積み上げてしっかりとした壁体を構築する方法は、オランダでは一六世紀末には確立していたようです。さらに遡って、一四世紀ごろの遺構にも同様な煉瓦造を見ることができますが、その起源はオランダの研究者に聞けばわかるでしょう。

　オランダが栄えた一六世紀末から一七世紀にかけて建てられた煉瓦造の建築は、アムステルダムや古都デルフトなどにたくさん残っています。

　図は、一番上の段を浮かせて描いてありますが、表面だけでなく内部に関しても、上下の段で、目地がすべてずれていることが理解できるでしょう。これが、当時のオランダ人が考え出し、一九世紀まで続き、日本にもやってくることになった、煉瓦の積み方の基本なのです。この図のように積むと、煉瓦の長手方向の寸法の倍の厚さの壁ができます。このような厚さの壁を「二枚積み」と言います。

　側面から見ると、長手の段と小口の段が交互に積み重なっていますが、長手の段の縦の目地と二段上の長手の段の目地が、半分ずれているのがわかるでしょう。一七世紀から一九世紀にかけてのオランダの煉瓦造のほとんどのものは、このような積み方なのです。

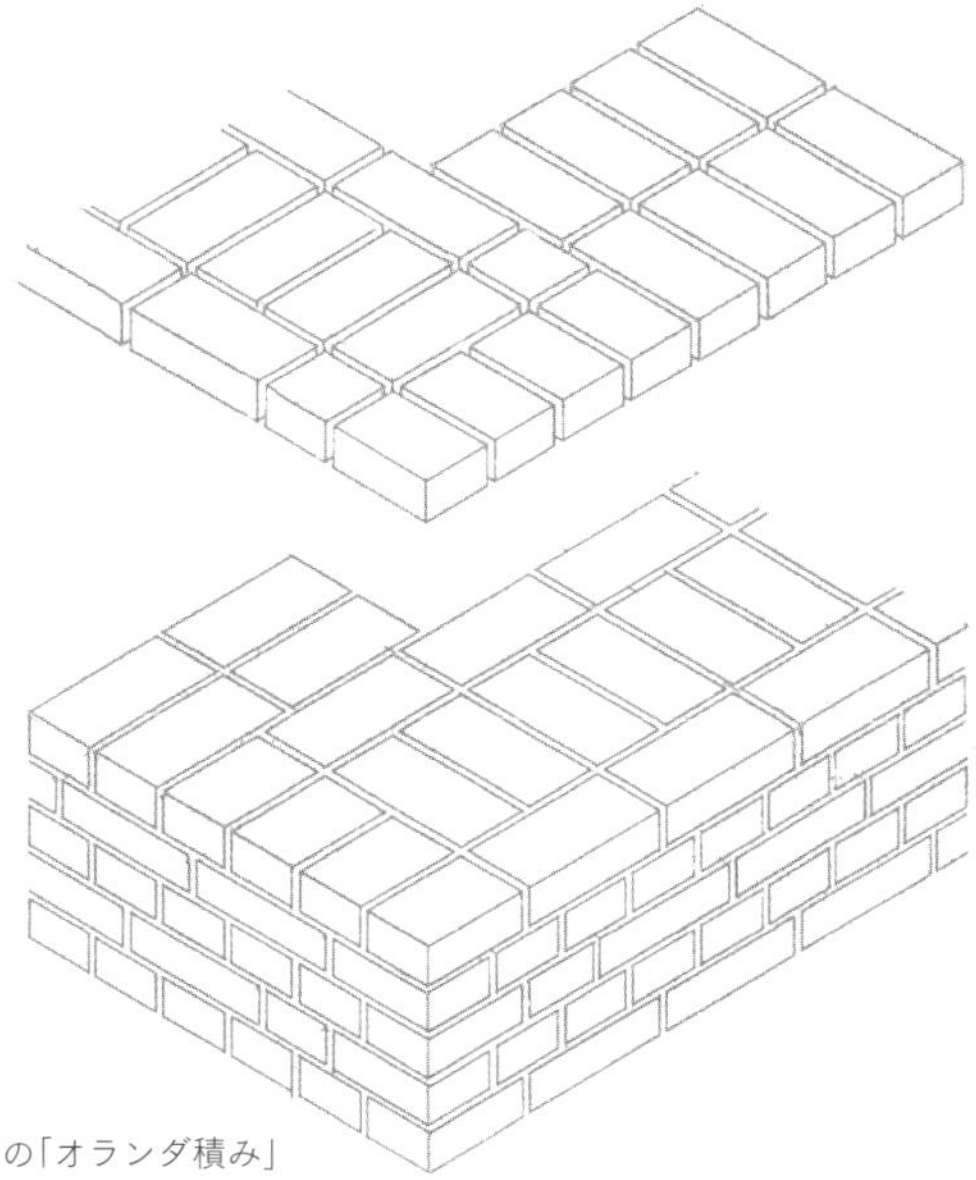

「二枚積み」の「オランダ積み」

　そして、残念なことに日本には、このような積み方がなされている煉瓦造は数えるほどしかありません。近世にオランダで確立した、元祖煉瓦積みは、日本ではほとんど見ることができないのです。そのことは、日本に帰国してから確認しましょう。

表面に現れるのは写真のようなパターンですが、その中は図のようになっています。内部の目地がずれるように積み上げることが重要なのです。ですが、壁の中は見ることができませんから、表面の目地のパターンで積み方を表現することになってしまいます

煉瓦積みを生んだオランダの土地柄

　ところで、壁が折れ曲がる隅角部や、窓枠と取り合う端部には、長手か小口が表面に現れる標準形の煉瓦とは別の形状の煉瓦を使わなくてはなりません。オランダでは、左の図のように「七五」の煉瓦が用いられることが多いのです。コーナーを納めるには、素直な考え方です。

　鉛直方向の荷重に関していえば、このオランダの積み方は、力の流れがとても素直です。後で説明する「イギリス積み」に比べても理にかなっていると言ってよいでしょう。ただ、端部の処理が、長手の段でも二種類出てくることになります。窓枠にはさまれた壁の煉瓦の幅によっては、後述するように、さらに複雑になってしまいます。

　しかし、この積み方は、水平力がかかると斜めにせん断のクラックが入りやすいのです。下の図のように、色が違う境界で裂け目ができてしまうのです。

　このことは、日本で建築の勉強をした方には理解しやすいでしょう。地震国には不向きです。オランダでも、第二次世界大戦後に、この長手の段の縦目地を半分ずらすことを、十数段でいったん揃えるという基準が設けられたと聞いたことがあります。

　このような煉瓦の積み方が、なぜオランダで発達したのでしょうか。国土の性格から、良質な石材を入手することが困難なことがひとつの要因です。アムステルダムの街をつくっている石畳は、ドイツから輸入されたもののようです。また、まったくの平地のため、日本のように成長の早い木材が育つ環境にもありません。石も木もない国なのです。最も入手しやすい建築材料である泥を、これまた入手しやすい泥炭で焼いて、形の安定した煉瓦を造り上げたのでしょう。必要にせまられれば、知恵が出てくるのでしょうね。

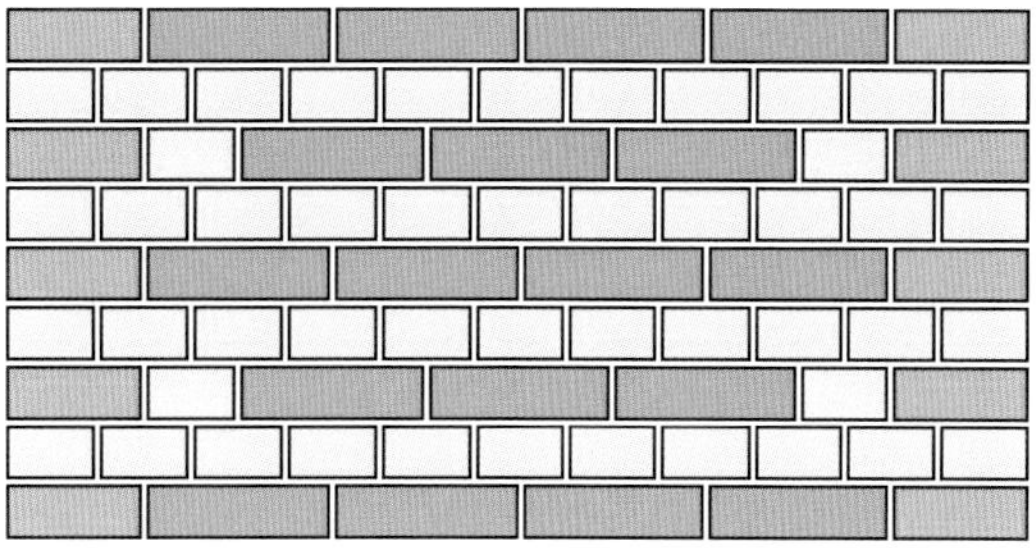

「オランダ積み」の表面のパターン

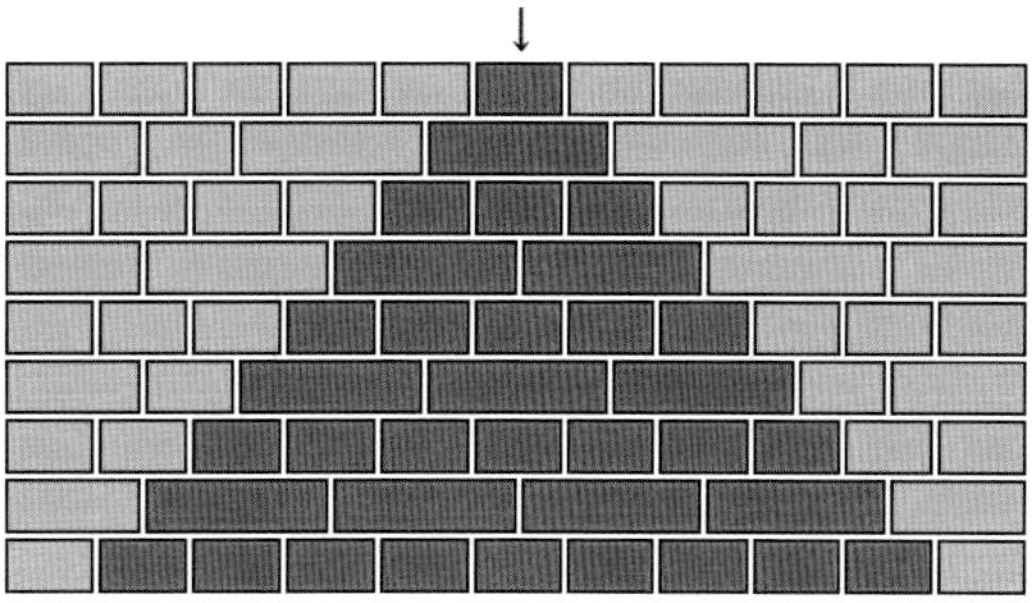

荷重の流れ

間違われた「オランダ積み」

　この煉瓦の積み方は「オランダ積み」もしくは「ダッチボンド」と呼ぶのが適切でしょう。ただし、昭和初期以降、日本の建築の教科書や教材では、「オランダ積み」はこのようには記載されていません。あきらかに間違って記載されているのです。そうなってしまった経緯については、帰国してからお話ししましょう。

　なお、この積み方は、英語の文献では、「クロスボンド」とか「イングリッシュクロスボンド」と呼ばれることがあります。ただ、この「イングリッシュクロスボンド」という呼称は適切とは思えません。本家オランダの煉瓦の積み方なのですから。

　オランダの建築構法の先生に「このような積み方を何と呼ぶのですか」と質問したことがあります。「これは煉瓦の積み方であって、特に、名称はありません」というのがお答えでした。とても印象的な問答でした。

デルフトの煉瓦積み 東の門

オランダの古都デルフトにはさまざまな年代の煉瓦造建造物があります。デルフトは古い街ですから、城壁で囲まれていました。ヨハネス・フェルメールによる絵画「デルフトの眺望」(一六六一年)にも、城壁に設けられた門が描かれています。同じような門で、今もデルフトの街に残る「東の門」は、一四〇〇年ごろに建設されたものですが、一五一四年にふたつの塔が加えられ、たいへん美しい風景を我々に残してくれています。もちろん煉瓦造です。

東の門。城内側から

この煉瓦の積み方を見ると、少しラフな「オランダ積み」です。小口の段が上下に連続している部分があったり、長手の段がずれていない箇所があったりなど、気ままで場当たり的とも思える積み方です。

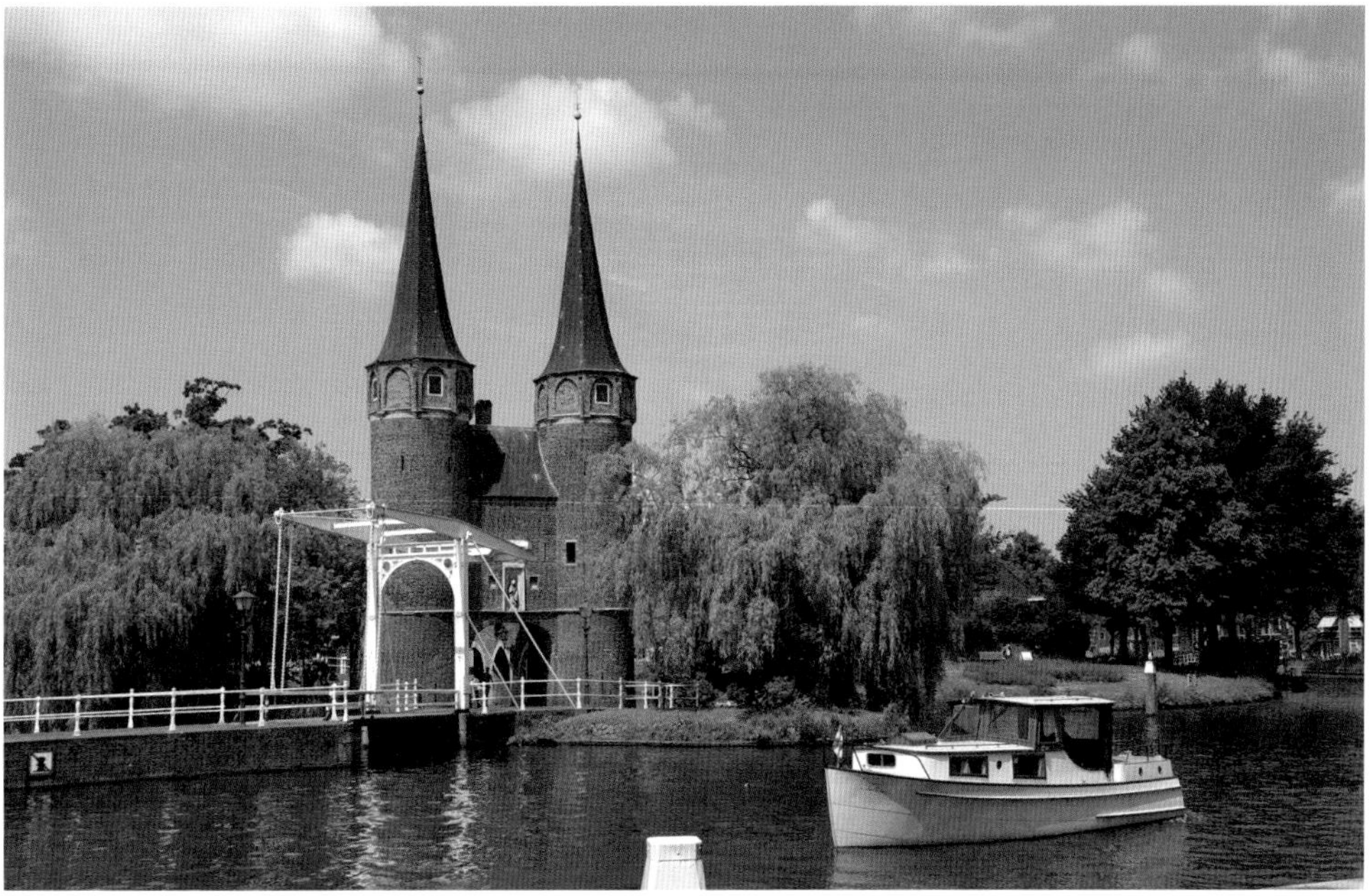

東の門。城外側から望む

付属する建築の上部は、明らかに修復されていますが、そこは規則正しい正統な「オランダ積み」となっています。時代が下ったころの増築なのでしょう

東の門。特に古いと思われる左側の部分を見ると、「ようかん」がところどころに見られます

聖ヒッポリュトス教会

この部分は、半分ずれているところが多いですが、ずれていないところも散見されます

端部には石材がはめられている箇所もありますが、煉瓦を見せることを前提として建てられたのでしょう。出隅部分には、「ようかん」も使われています

「オランダ積み」確立前後

町中《まちなか》の聖ヒッポリュトス教会(Sint-Hippolytuskapel (Heilige Geestkapel))は、一五世紀初頭にチャペルとして建てられたものです。一七世紀にはさまざまな用途に使われていたようですが、二〇世紀初頭には、デルフト工科大学のオーディトリアムとなっていました。現在は再びカソリック教会となっています。

古い建築ですので、煉瓦の積み方も不規則です。長手の段が、上下で半分ずれているところと、ずれていないところがあります。「オランダ積み」が成立する過程のものでしょうか。

この建築も、さまざまな改修が行われているでしょうから、一四世紀の煉瓦造とは言えないと思いますが、規則正しい「オランダ積み」が確立する前の建築であることは確かでしょう。

街の北東の運河沿いに建つ左の写真の塔は、一五〇〇年から一五二五年の間に建てられたものだそうですが、その煉瓦の積み方は「オランダ積み」です。

この例などを見ると、「オランダ積み」は一六世紀には確立していたとみることができそうです。

ただ、古い建築は、長い年月の間に修復が行われていることが多く、建設年代が明らかになっていても、見えている煉瓦がその時代のままであるかどうかは定かではありません。この煉瓦を巡る旅でも、そのような事例はたくさんありそうです。

町の北東の運河沿いに建つ塔／この写真の瓦は当初からのものではないでしょうが、成型技術の優れた瓦の構法も、16世紀にオランダで発達しています。そして、日本と同じ「桟瓦」が広く使われるようになっていました

デルフトの新教会

デルフトで最も有名な建築である新教会は、一三八一年に建設が始まりましたが、主要部は一六世紀初頭の建築です。

「オランダ積み」ですが、長手の段の一部に部分的に小口が入るなど、不規則なところも見られます。まだ「オランダ積み」が確立していなかったとみることができます。

フェルメールの「デルフトの眺望」にも新教会は描かれていますが、一七世紀半ばのそのころには、東インド会社の隆盛などもあり、盛んに煉瓦造の建築が建てられ、「オランダ積み」も定型化されたのだと考えられます。

新教会

教会と運河の取り合いなど、なんともオランダらしい風景です

ゴシック風の窓のリブも、煉瓦で丁寧に構成するなど、涙ぐましい努力の見られる建築です

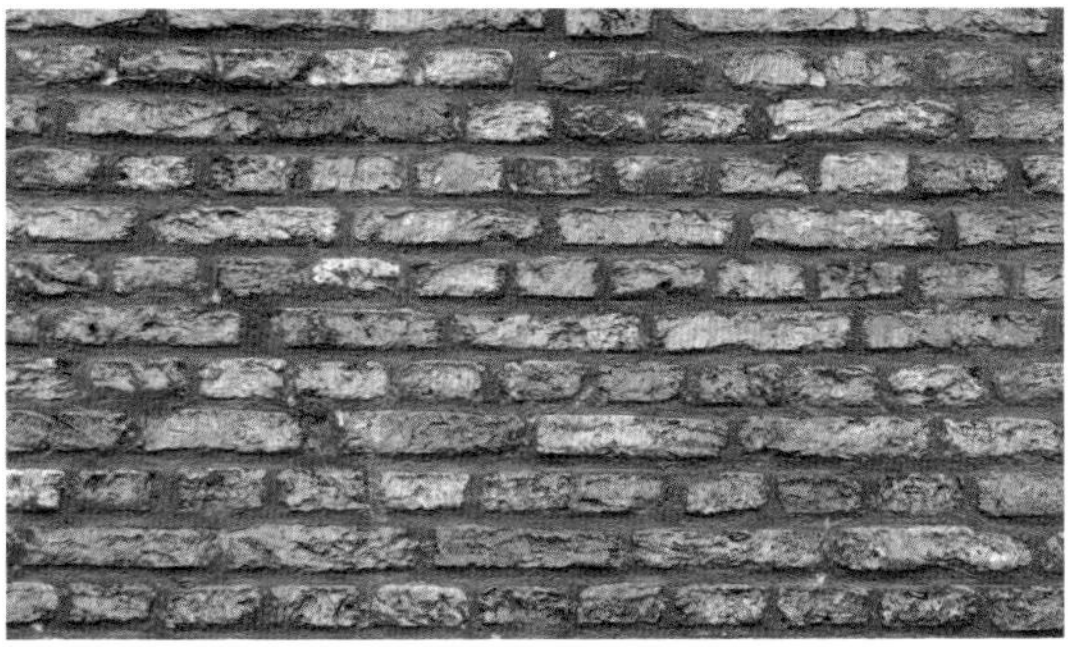

上から二段目の長手の段の中央には小口が入っています

コーナーには石材が用いられていますが、できれば石造として造りたいのだが、ということなのでしょうか

デルフトの東インド会社

デルフトが最も栄えた一七世紀の建築を見てみましょう。

東インド会社は、アムステルダムを本拠としていましたが、ロッテルダム、エンクホイゼン、ホールンなど、オランダ各地に支社がありました。デルフトには一六三一年に置かれ、その後、いくつかのビルと統合されたようです。

向かって右側部分の入り口には、東インド会社の紋章「VOC」が掲げられ、「一六三一」という建設年が記されています。一七世紀の建築ですから、正統な「オランダ積み」となっています。この建物は、一九八〇年代の終わりに、集合住宅にコンバージョンされています。

右側部分の入り口に「1631」という建設年が記されています

東インド会社

オランダらしい階段状の妻壁が運河に沿った道路に面しています

ザウデル教会。石材と煉瓦の取り合いが美しい。
中央の長手のふたつの段が揃っています

ザウデル教会

港町エンクホイゼンの煉瓦積み

アムステルダムの北方四〇キロメートルほどの街、エンクホイゼンは、一四世紀半ばから発展し、オランダ東インド会社の支社も建てられた重要な港町でした。一五世紀半ばに建てられたザウデル教会は、石材を交えた煉瓦造の建築です。

「オランダ積み」となっているように見えますが、長手の段がずれずに、上下で揃っている「イギリス積み」のようになっているところも見られます。このことは、デルフトの古い建築にも共通していました。

一方、一五四〇年に建設が開始され、一六五〇年ごろに大改修されたドュロメダリス(Drommedaris)と呼ばれる塔では、はっきりと「オランダ積み」のパターンを見ることができます。東インド会社の隆盛とともに「オランダ積み」が主流の積み方となったと見ることができるのではないでしょうか。

建設開始は1540年であるが1650年ごろの建築と考えられます

ドュロメダリスと呼ばれる塔。
煉瓦が整然と積まれていてザウデル教会とは趣が異なります

アペルドールンのヘット・ロー宮殿

ヘット・ロー宮殿

アペルドールンは、オランダ王室となるオラニエ公の夏の離宮、ヘット・ロー宮殿がある、オランダの中でも特別な都市です。ヘット・ロー宮殿は一六八四年から一六八六年にかけて、オランダ総督ウィレム三世（後にイギリス王ウィリアム三世となる）とイングランドのメアリー二世のために建てられたものです。周囲にもいくつかの建築がありますが、その煉瓦の積み方を見てみましょう。

ヘット・ロー宮殿やその周りの建物の煉瓦の積み方は「オランダ積み」なのですが、柱型のような部分の端部の納まりには「ようかん」（クイーンクローザー）が使われています。「イングリッシュコーナー」なのです（写真下）。

この柱型の積み方は「イギリス積み」と言ってもよいパターンとなっています。もっとも、このような狭い幅の部分を正統な「オランダ積み」とすると、パターンが複雑になりすぎることがあるのかもしれません。ここの柱型の幅は小口六個分となっています。

二段の柱型が繰り返す立面が煉瓦壁で構成されています

窓間に柱型が入り、柱型に「ようかん」が

柱型は小口6個分で小口の段には「ようかん」

窓の間の柱型（写真右の上）も同様で、寸法がしっかりとコーディネートされていることがわかるでしょう。窓間は小口一一個分と一三個分になっています。「ようかん」を用いた納まり（イングリッシュコーナー）が、この時期に、オランダとイングランドにゆかりの深い建築で用いられたということは、とても興味深いことなのです。

小口13個分の窓間で「ようかん」を用いた納まり

倉庫建築

一九〇〇年前後には、国際貿易が盛んになるとともに、倉庫建築も各地で建設されています。貿易港であったロッテルダムやアムステルダムには、そのような建物が多く残されています。

保税倉庫だった横浜の赤レンガ倉庫も、一九一一年から一九一三年の建設です。

ロッテルダムのエレトレポット港にあるファイフ・ウェーレルツデレン(De Vijf Werelddelen)という建築は一八九七年建設の倉庫です。築後百年を超えた一九九七年に、上階が都市型集合住宅に、下階がスーパーマーケットやレストランに改修されています。いわゆるコンバージョン(オランダではトランスフォーメーションと呼ばれています)のはしりといえる建築です。その煉瓦はもちろん「オランダ積み」であり、コーナーは「七五」を用いた納まりです。

柱型の幅は小口七個分、袖壁は小口九個分です。煉瓦の大きさを単位とした寸法調整がしっかりとなされているわけですが、幅が小口の奇数倍であることに注目してください。

内部には鉄の柱と梁が使われています。この時代らしい建築です。

ファイフ・ウェーレルツデレン

改修工事中
(1997年撮影)

小口七個分の柱型

ロンドン大火後に広まった「イギリス積み」

オランダ総督とイングランド王を兼ねるという話は、ヨーロッパを理解するうえでも興味深い歴史です。興味のある方は、当時の状況を調べるとよいでしょう。というのも、1672年からオランダ総督であったウィレム3世が、1689年にウィリアム3世として、敵対国であったイングランドの国王となるのです。

1665年から1667年にかけて、第二次英蘭戦争が起きるのですが、そのさなかの1666年に、ロンドンで歴史的な大火が起きます。それまでほとんど木造であったロンドンの建築のほとんどが焼け落ちました。その後、木造が禁止され、煉瓦造と石造でロンドンが再建されたのです。

すなわち、「イギリス積み」と呼ばれるように、煉瓦の本家と思われているイングランドで煉瓦積みが広まったのは、オランダよりはるかに遅れて、17世紀後半なのです。

なお、ウィレム3世とメアリー2世が結婚したのは1677年であり、居を構えたのはデン・ハーグであったそうです。

アムステルダムスクールによる茅葺きの芸術家村の住宅

ベルヘンの煉瓦積み

アムステルダムの北北西三〇キロメートルほどに位置するベルヘン(bergen)の街は、一九一〇年代にアムステルダムスクールによって建設された茅葺きの家が立ち並ぶ、芸術家村としても知られています。アムステルダムからの小旅行としてお薦めです。なんとも魅力的な建築群ですが、煉瓦の表情は長手だけの段で構成する「長手積み」の建物もあります。二〇世紀初頭の新しい建築運動を進めたアムステルダム派ですので、伝統的な煉瓦積みのパターンをあえて避けたのかもしれませんし、近年の断熱改修で貼り付けた煉瓦なのかもしれません。

いかにも芸術家村らしいこの建築は「オランダ積み」

　このベルヘンの村は、遺跡教会と呼ばれる建物を中心にできた街です。この教会は一五世紀初頭に建設され、一六世紀後半に廃墟となったのですが、その後一六世紀末に再建されたようです。

　廃墟の部分が残っており、当時の煉瓦の積み方を見ることができます。「オランダ積み」の部分もありますが、長手の段がずれていない部分も多いのです。コーナーには「ようかん」が使われています。イギリスに旅するときに、イギリスの煉瓦の積み方をお話ししますが、この納め方は「イングリッシュコーナー」と呼んでよいと思います。ただ、このような事例を見ると、「ようかん」の納め方もオランダ発祥と考えた方がよいのかもしれません。煉瓦積み職人によって積み方がさまざまであったと考えることもできます。

茅葺きの造形的な住宅

破壊されているので断面を見ることもできます

遺跡教会。左側は16世紀末の再建部分

コーナーには「ようかん」が使われています。この納め方は「イングリッシュコーナー」と呼んでよいと思います

この写真の部分は、いつの建設であるのか正確にはわかりませんが、15～16世紀のものでしょう

ヒルベルスムの教会

遺跡教会と同様な事例は、ヒルベルスムの教会でも見ることができます

1481年に建設が始まったというこの建物では、基壇の上から順に、長手の段の目地がずれて3段積まれていますが、7段目は5段目とずれていません。11段目と13段目も同様です。また、2段目の端部には「ようかん」が使われています

一八世紀〜一九世紀のオランダ

アムステルダムの北に、ザーンダム（Zaandam）という街があります。製材業に用いた風車で有名な観光地ですが、風車村の手前に一八世紀末の一七九五年に建てられた建築があります。

窓枠の間の壁は、小口九個分となっていて、長手の段の端部には「七五」という、四分の三の大きさの煉瓦が使われています。その「七五」の隣に小口が入る段と入らない段があるのがわかるでしょう。これも「オランダ積み」の特徴と言えます。小口を入れることによって、クロスにしているわけです。このことが、日本における「オランダ積み」の誤解の遠因となったようです。

アムステルダムの東、十数キロの近郊に、ナールデン（Naarden）という要塞都市があります。グーグルアースで見ると、その要塞の保存された姿をはっきりと認識することができます。

ここに一八七八年に建設された武器庫が残っていますが、その煉瓦の積み方は明快な「オランダ積み」です。窓の周辺は修復されているようですが、「七五」が用いられていて、これぞ「オランダ積み」です。

アムステルダム防衛線のひとつ、ナールデンの

ザーンダムの建物。この時代になると、明快な「オランダ積み」となっています

1795年に建てられた建物（ザーンダム）

ナールデンの武器庫の窓周り

1878年に建設された武器庫（ナールデン）

製材業に用いた風車が見える（ザーンダム）

要塞も、もちろん煉瓦造です。

ナールデンには、大教会と呼ばれる古い教会もあります(Grote of Sint-Vituskerk)。当初、一三八〇年から一四四〇年にかけて建設されたようですが、現在の主要部分は一六世紀初頭のもののようです。一部に石材が用いられていますが、主要部は煉瓦です。煉瓦積みを見てみましょう(写真左下)。基本は「オランダ積み」ですが、この時期のものとして、今まで見てきたものと同じように、不規則な部分が散見されます。気ままな積み方と言ってもよいかもしれません。

教会の周りには、たくさんの煉瓦造の建築が並んでいます。石材と組み合わせたものもありますが、基本は「オランダ積み」です。

ナールデンの要塞

この教会は、内部が美しいヴォールト天井になっています

大教会(左側)

不規則な部分が散見されます

煉瓦のパターンの拡大

教会の周りの建築

中庭を持つ街区型の集合住宅

一九〇〇年前後のオランダ

一九世紀から二〇世紀の初頭にかけては、写真のような中庭を持つ、街区型の集合住宅が煉瓦造で盛んに建てられるようになりました。アムステルダムの街は、煉瓦造の建築で満ち溢れていますから一つひとつ見ていたらきりがありません。でも、なんといっても目につくのは、アムステルダム中央駅でしょう。かなり改修されているようですが、煉瓦のパターンはもちろん「オランダ積み」です。石材の部分との寸法調整も、しっかりとなされています。なおアムステルダム国立美術館も同じ建築家カイペルスによって設計された煉瓦造建築です。国立美術館とアムステルダム中央駅は、確かに似ていますね。

これに対して、建築家ベルラーヘによって設計され、一九〇三年に完成したアムステルダム証券取引所は、煉瓦と鉄骨を用いていますが、建築の新しいスタイルを感じさせるものです。外観は、今となっては普通の煉瓦造建築ですが、当時は新しい息吹を感じさせるものだったはずです。内部には煉瓦が美しく現れています。壁はもちろん「オランダ積み」です。上階の床を構築しているヴォールトの煉瓦も美しいですね。鉄骨の梁も使われています。ホール部分の構成は、建設技術として、駅舎建築との共通性もあるかもしれません。

一九世紀末から二〇世紀初頭にかけては、鉄骨による架構が盛んに取り入れられ、建築の造り方が大きく変化した時期でした。駅舎建築はその先鋒となったものです。ロンドンなどにはその典型的な駅を見ることができますが、それらはすべて終着駅の形式でした。

中央駅の柱型の煉瓦

アムステルダム中央駅

煉瓦造ですが、プラットフォームを覆う屋根は鉄骨で造られています

アムステルダム証券取引所、内部

アムステルダム証券取引所

アムステルダム証券取引所、ホール

アムステルダム国立美術館

辰野金吾が見たアムステルダム中央駅

1889年に建設されたアムステルダム中央駅は、多くの観光ガイドブックによれば、1914年建設の東京駅のモデルになったとされています。

確かに、石と煉瓦を用いていることは共通しています。屋根の形など、戦災を受けて改修された東京駅には似ていますが、辰野金吾設計のオリジナルな姿とはまったく異なります。建築の外観のスタイル、建築の「様式」としてモデルにしたわけではありません。

辰野金吾は、日本の建築家の草分けで、帝国大学教授も務めており、東京の中央停車場を設計する段階では、すでに様式・意匠について、ヨーロッパの建築を参考にする必要はなかったはずです。

しかし、ドイツ人のお雇い建築家の設計を引き継いだ中央停車場の設計にあたっては、長大な駅舎の設計の経験はまったくなく、ヨーロッパに視察にでかけたようです。ところが、ロンドンに行っても、パリに行っても、壮麗な駅舎は終着駅ばかり。ターミナルなのです。何本もの線路に直角に駅舎は建っています。それでは、新橋と上野を繋ぐ通過駅として計画されている中央停車場の参考にはまったくならなかったのでしょう。たどり着いたのがアムステルダム中央駅で、長大な通過駅でした。ホームへの乗客の導き方など、終着駅と通過駅では、設計手法がまったく異なります。ホームへ荷物を揚げるエレベーターなども参考にしたに違いありません。さらに、アムステルダム中央駅の遥か正面には、王宮があるではありませんか。

つまり、辰野金吾がモデルにしたのは、コーナーに石を配した煉瓦造のデザイン・意匠ではなく、人や荷物の動線、建築計画なのです。正統な煉瓦積みを現すオランダ建築に対して、東京駅は、表面は中の躯体部分の煉瓦の積み方とは別に、小口煉瓦の意匠積みとなっていることにも、辰野金吾が煉瓦をどのように見ていたかが窺われます。

印象的な外観のエイヘンハールト

二〇世紀初頭の集合住宅エイヘンハールト

二〇世紀に入ると、ヨーロッパでは、社会住宅と呼ばれる集合住宅の建設が各地で行われるようになりました。オランダでも、アムステルダム派とロッテルダム派と呼ばれるふたつのグループが、競い合うように集合住宅を設計しています。

アムステルダムでは、ベルラーヘが住宅地計画のマスタープランを作成し、アムステルダム派の建築家たちが魅力的な集合住宅を設計しています。「エイヘンハールト」は、建築家デ・クラークの設計によって一九二〇年に完成しました。「ヘット・シップ」とも呼ばれ、アムステルダム派の傑作とされています。学校や郵便局などの地域施設を複合した集合住宅ですが、それまでの煉瓦造と異なり、煉瓦を造形的に用いていることが特徴と言えるでしょう。

基壇部の煉瓦の表面は、「フレミッシュ積み」のパターンを縦使いにしているなど、構造的合理性としての煉瓦の使い方から逸脱して、建築表現の素材として使われていることが特徴的です。上部は、北欧でよく見られる、長手をふたつ並べてその間に小口を挟む積み方となっています。この時期、オランダの各地で、オランダの煉瓦の伝統的な積み方からの離脱が図られています。

一九二〇年代になると、鉄筋コンクリート構造の出現・普及などにより、煉瓦が純粋な構造材料ではなくなったことが、そのような動きの背景にあるのでしょう。

1階には地域施設が入っています

曲面を効果的に用いた部分に見られる「小口積み」。写真の右側は「オランダ積み」です

上部は、北欧でよく見られる、長手をふたつ並べてその間に小口を挟む積み方となっています

デ・ダヘラート

一方、アムステルダムの中心部に一九二二年に建てられた「デ・ダヘラート」は、同じくデ・クラークが参加して設計されたものですが、基本的には「オランダ積み」が用いられています。こちらの計画は、細部の造形的表現というよりは、集合住宅の在り方を探っている計画といってよいのではないでしょうか。

伝統的な「オランダ積み」なのですが、異なる色の煉瓦を用いることによって、基壇部の入り口周りをデザインしています。

アムステルダム派ならではの魅力的なデザイン

入り口周りのデザイン

2種類の色の煉瓦の使い分け

その切り替え部は、「オランダ積み」ならではの階段状になっていることを見逃さないでください

デ・ダヘラート

階段室型の集合住宅を「家型」に見せる造形手法は、秀逸です

シュパンヘンの集合住宅

アムステルダム派に対し、J・J・P・アウトらのロッテルダム派の設計による建築は、その後の近代建築（Modern Architecture いわゆるモダニズム建築）に通じるデザインです。鉄筋コンクリートの出現とともに、床スラブを跳ね出して造ることができるようになり、水平線を強調するデザインがそれまでにない表情を創り出すようになりました。組積造とは本質的に異なるデザインです。

アウトの集合住宅としては、ロッテルダムのキーフフークの集合住宅や、ドイツのヴァイセンホーフの集合住宅が有名ですが、ロッテルダム西部のシュパンヘン（Spangen）に一九二〇年から一九二三年にかけて建設されたこの集合住宅も重要な作品です。このシュパンヘン地区の集合住宅は、正統な「オランダ積み」でできています。

煉瓦の壁は明快な「オランダ積み」ですが、コンクリートのスラブに見えた二枚のうち、上の部分は木下地によって造り出されたものでした。このようなデザインをしたかったのでしょう。あるとき、偶然に発見し、その事実を知ったときのショックは忘れることができません。

シュパンヘン地区の集合住宅。この地区は社会的にかなり荒れていました（1985年撮影）

シュパンヘン地区の集合住宅。2014年には改修され、煉瓦も美しくなっていました。個人的には、オリジナルの方が好みです

シュパンヘン地区の集合住宅。ふたつの水平なスラブのうち上の段は木で造られていました

ユストゥス・ファン・エフェンブロック

このアウトの名作の西側に、ブリンクマンという設計者が建てたユストゥス・ファン・エフェンブロック（Justus van Effenblok）という集合住宅があります。一九二一年建設の四階建ての集合住宅ですが、三階のレベルに空中街路が設けられており、当時としては画期的な設計ですし、今でもとても魅力的です。三階と四階は、この空中歩廊からアプローチするメゾネットになっています。共同住宅というよりは、重ね建て長屋と言った方がよいでしょう。これは、テラスハウスを好むオランダならではのデザインです。

オランダでは、中層の集合住宅でも各住戸の玄関をそれぞれ一階に持つ形式の集合住宅が二〇世紀初頭に盛んに建てられています。アムステルダムの街並みが、間口が限られた町屋型で個性豊かであって、パリとはまったく異なることと無縁ではないでしょう。

ユストゥス・ファン・エフェンブロック

豊かな中庭を持つ集合住宅

白く塗られた煉瓦壁（1997年撮影）

1985年当時

実は、この集合住宅の傑作は、一九八〇年代に入ると、地域の社会的状況の影響などもあり、いわゆる荒れた団地となってしまいました。そこで、一九八五年には、大規模改修を行うことになりました。そして、薄汚い煉瓦の色が住環境としてよくないということになり、真っ白なペンキが塗られてしまい、煉瓦造の雰囲気はなくなってしまいました。

白く塗った改修当初はよかったのでしょうが、社会住宅ということもあり、再び荒れた団地になってしまいましたが、二〇一〇年ごろになると、この団地を歴史的文化財として位置づけ、甦らせようということになり、再び大規模な改修が行われました。煉瓦の雰囲気を出すため、内側からしっかりと断熱工事が行われ、床暖房も設置されました。

外周の外壁は建設時のままであり、いつの時代にも典型的な「オランダ積み」が現れていました。二一世紀の改修でも、外観に関しては、オリジナルな姿に近づけようとされました。

問題は、白いペンキを塗ってしまった中庭側の壁でした。文化財としての煉瓦壁を傷めずにペンキを剥がすことが求められ、幾種もの手法が試みられました。煉瓦積みとしては本望であったに違いありません。これも一〇〇年の旅をしてきた煉瓦の旅行記と言えるでしょう。

白いペンキを剥がすことは相当な難作業だったそうです

工事中の内部を見ると、内側から見た煉瓦の積み方は
かなりいい加減なものです

端部は「七五」。壁の幅は小口12個分と偶数であるため、
長手の段は片側の端に小口がひとつ入ることに

外周の「オランダ積み」はそのまま残されました
典型的な「オランダ積み」です

新しい煉瓦のパターン

アムステルダムの東に位置する都市、ヒルフェルスムは、ウィレム・デュドックの設計で一九三〇年に完成した市庁舎によって、建築界ではとても有名です。ヒルフェルスム市の技師だったデュドックはこの街で一九一五年から新しい都市計画を推進し、多くの建築を実現しました。

彼自身は軍人としての教育を受けた人で、伝統的な建築教育を受けておらず、新しい近代建築の波に乗りやすかったのかもしれません。

デュドックが一九二九年に設計した学校、フォンデルスクール（Vondelschool）は、煉瓦の外壁で魅力的なデザインですが、その積み方は伝統的なものではありません。すべての段が、長手ふたつに小口ひとつを繰り返しています。その段の上下の関係は、「フレミッシュ積み」に似ています。表面のパターンとしては魅力的です。この積み方は、オランダ各地でも北欧でも見ることができます。

次ページにいくつか事例を紹介します。二〇世紀の煉瓦積みが極めて多様になったことがおわかりいただけるでしょう。

フォンデルスクール

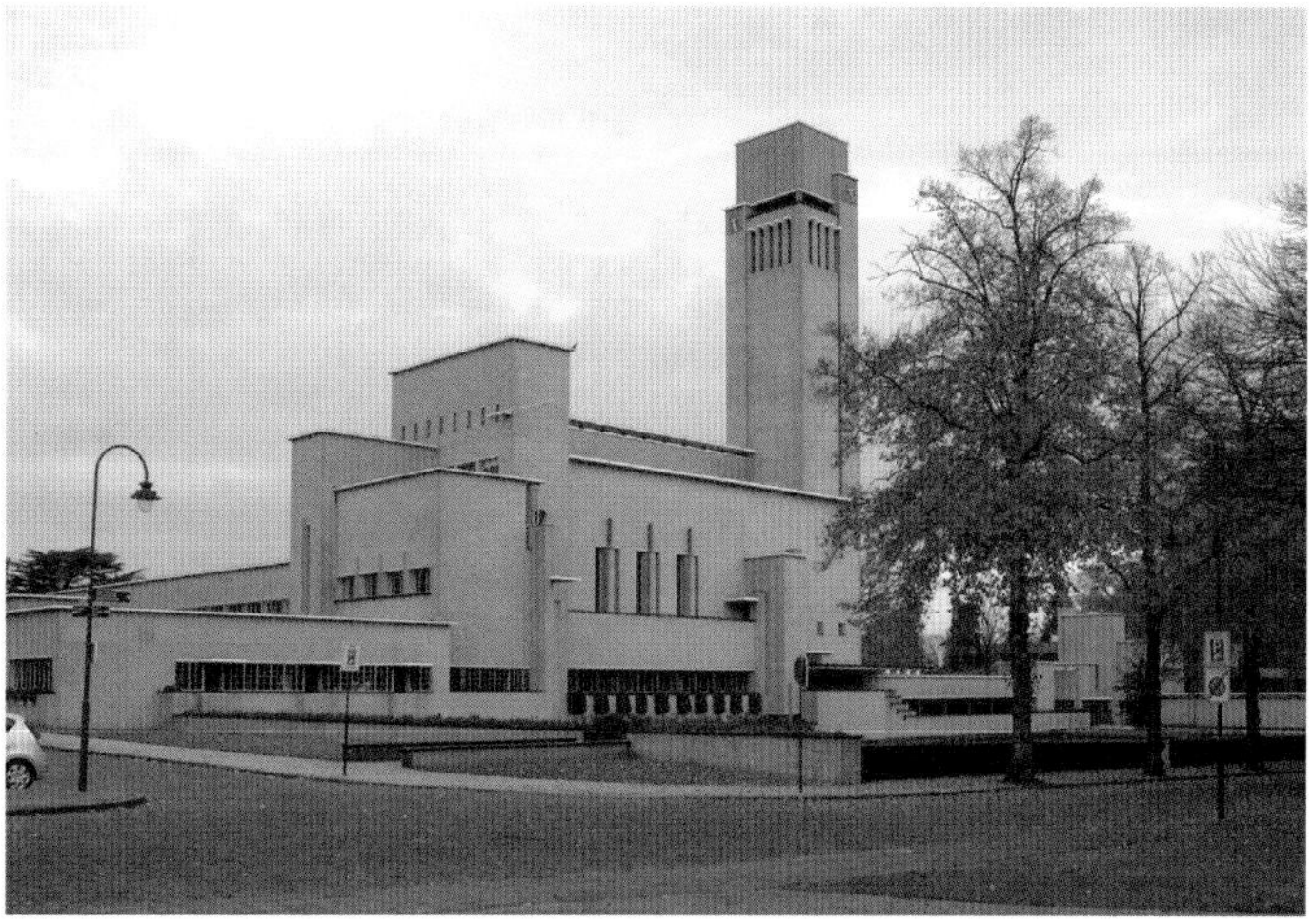

ヒルフェルスム市庁舎

すべての段で長手ふたつに小口ひとつを繰り返しています

これは、オランダの北部の都市フローニンヘン（Groningen）で見た事例ですが、端部の納まりが異なっています

ロッテルダムの事例で長手がふたつと小口ひとつが並んでいます

20世紀に建設されたアムステルダムの集合住宅の事例。長手2・小口1という配列は同じでも、上下のずらし方が異なっています

パーペンドレヒトの事例、パターンが明快でなかなか魅力的です。さらに配列を変形させた事例もあります

アムステルダム西部の、ヴェスターガスファブリーク（Westergasfabriek）と呼ばれる場所。1900年前後に建設されたガス製造工場や煉瓦造の建築が、ホテルなど、さまざまな用途にコンバージョンされて、魅力的な場所になっています

アムステルダムの工場だった建築のファサード。長手の連続と小口の組み合わせのパターンが、かなり複雑になっています。この建築も決して古いものではないようです

これは、長手が3つ連続しています

この建築は、小口が連続するパターンの外壁となっています。端部には「七五」が使われていますが、オランダでは珍しいのではないでしょうか

デルフト工科大学の旧図書館

デルフト工科大学の旧図書館

オランダの旅の最後に、デルフトの旧市街にあったデルフト工科大学の旧図書館に行ってみましょう。

この建築は、二〇世紀に入って建設されたもののようですが、二一世紀に入って、集合住宅にコンバージョンされました。その改修工事のときに撮影した左の写真ですが、「オランダ積み」のパターンになっているようです。もっとも、その後不要になった出入り口が煉瓦で埋められていて、そこは「小口積み」になっています。強度の必要がない埋め材ですから、そのような選択になったのでしょう。

この建築の煉瓦の積み方は「フレミッシュ積み」でした。建設年代が古くない証でしょう。興味深いのは、窓の間の壁の煉瓦です。

小口五枚分の幅の壁ですが、一般的な「フレミッシュ積み」であれば、長手・小口・長手の段と、七五・長手・七五の段とで納めるでしょう。ところがこの建物では、小口・七五・小口・七五の段と、七五・ようかん・長手・小口の段とでおさめています。設計者の遊び心だったのではないかと、想像が膨らみます。

これでオランダに別れを告げ、北に向かって旅立ちますが、オランダが煉瓦の国であることがおわかりいただけたでしょう。

改修工事中

「フレミッシュ積み」の外壁

設計者の遊び心だったのではないかと、想像が膨らみます

ラウンドタワー

煉瓦、北欧を巡る

螺旋の塔、ラウンドタワー

オランダから北に向かい、デンマークのコペンハーゲンにやって来ました。コペンハーゲンの都心に建つラウンドタワー（Rundetaarn）は、広い道路のような通路が螺旋状に上部に続く、とても興味深い建造物です。これは、クリスチャン四世が天文観測所として建設したもので、現在は展望台となっています。

大航海時代は、天文台の建設が盛んになったようです。一六三二年に建設されたオランダのライデンの天文台に引き続いて、コペンハーゲンでも一六三七年に建設が開始されたそうで、煉瓦はオランダから輸入されたとのことです。

オランダからロイヤルビルディングマスターが呼び寄せられ、建設にあたったそうなので、当然のことながら「オランダ積み」となっています。

クリスチャン四世は、要塞の建設などにもオランダの技術者を呼び寄せて、建設にあたらせたとのことですから、コペンハーゲンの煉瓦造がほぼ「オランダ積み」になっているのは、当然のことでしょう。煉瓦もデンマークに旅してきたのです。

小口の段と長手の段の煉瓦の色が異なっています

上まで馬車でも上がれそうです

イングリッシュコーナーとダッチコーナーが混用されています

ラウンドタワー向かいの建物

ラウンドタワーの向かいには、やはり煉瓦造の建物が建っています。写真（上右）の建築に連続しているさらに左の建物には、煉瓦と床梁を繋ぐ金物の外壁側が数字となっていました。この数字が建設年であるとすると、一六二三年の建設ということになります。いずれにせよ、一六二〇年代から三〇年代に、オランダから伝わった技術なのでしょう。

上左の写真は、「オランダ積み」ですが、左端は「ようかん」を使ったイングリッシュコーナーとも呼ぶべき納まりなのに対し、右側は「七五」を用いた、オランダで一般的な納め方（ダッチコーナー）になっています。両者は適宜混用されてきたのでしょうか。このことは、壁の幅にも関係します。

旧証券取引所

旧証券取引所

このように、コペンハーゲンは、オランダと同様、煉瓦の街です。なかでも都心部で目を引く建築は、旧証券取引所でしょう。長大な建築で、妻面だけでなく、平側（建築の長手方向）にもたくさんのゲーブル（切妻、三角形の壁）がついています。

旧証券取引所も、ラウンドタワーと同時代に建設されています。オランダ風のルネッサンス様式です。一六二〇年から一六二四年にかけて建設されたそうですが、完成したのは一六四〇年とのことです。

旧証券取引所。現状の煉瓦はかなり綺麗ですから、たぶん19世紀の終わりごろに修復されたものでしょう。パターンは「オランダ積み」ですが、石材の間に組み込まれているので、端部の納まりが当初のものかどうかは疑問です

垣間見えるオランダ

「クリスチャン四世の醸造所」と呼ばれている建築は、一六〇八年に要塞として建設されたものです。

やはりオランダの影響でしょうか。瓦は、明らかにオランダが発祥の地である「桟瓦」です。煉瓦はどうかというと、「オランダ積み」ですが、端部の納まりは多様です。

また、醸造所の東隣には、一六〇四年に建設された武器庫がありますが、現在は戦争博物館となっています。その隣の王立図書館（旧館。「ブラックダイアモンド」と呼ばれるガラス張りの新館が隣接している）は、現在はガラスの箱と煉瓦との対比が美しい建築となっています。

さらにその東に建っているのは、現在はデンマークユダヤ博物館となっている建築です。この建築は一六世紀への変わり目に、ボートハウスとして建てられたもので、一九〇六年に、王立図書館に接して改修されたものだそうです。

クリスチャン4世の醸造所

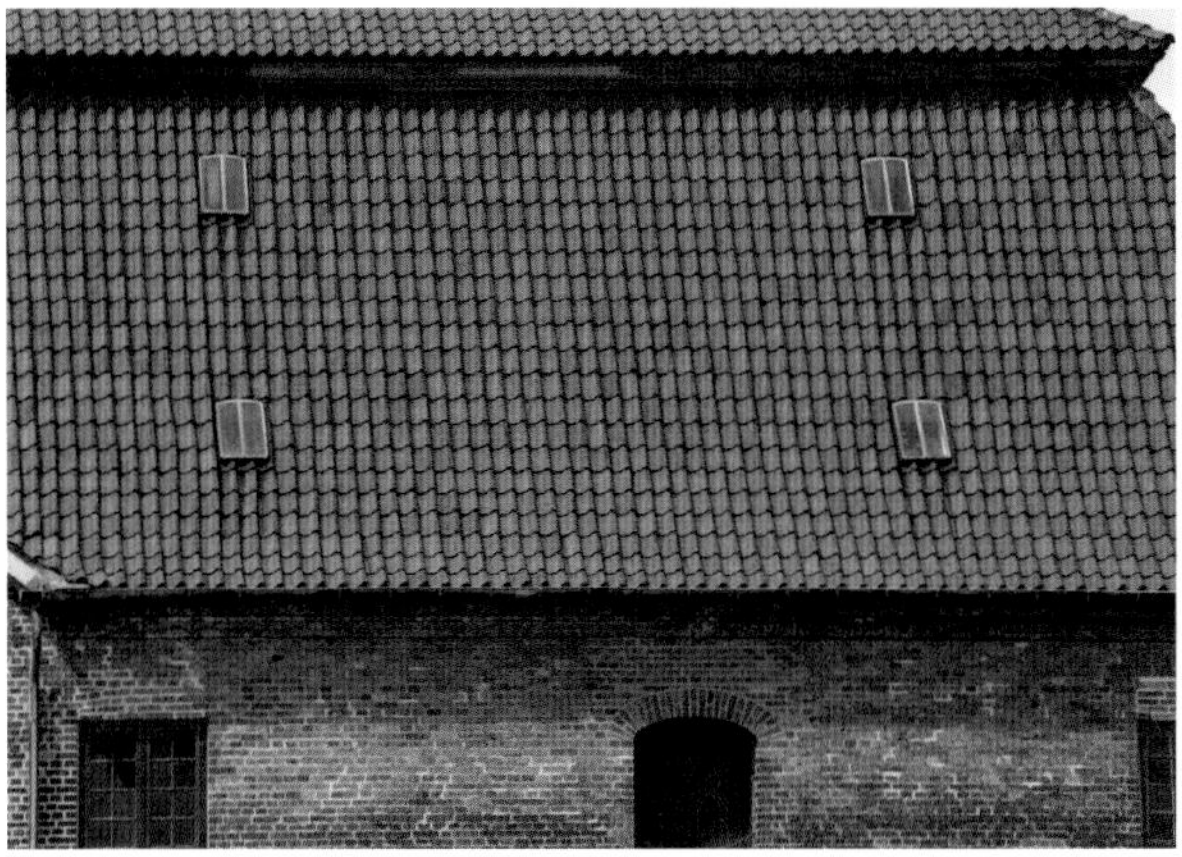

オランダが発祥地の「桟瓦」

1604年に建設された武器庫。現在は戦争博物館

王立図書館

王立図書館

写真を拡大してみると
「オランダ積み」で造られているのがわかります

王立図書館の庭と現代美術センター

ユダヤ博物館の北側は、王立図書館の庭となっていて、その庭を囲むように、北側にも煉瓦造の建築が建っています。そこでも、時代を経た「オランダ積み」のパターンを見ることができます。端部が「七五」で納められていることがよくわかるでしょう。このように一七世紀初頭には、コペンハーゲンの建築のかなりのものが、オランダの煉瓦造技術を用いて建設されたようです。

さらに時代を遡ると、一七世紀以前に、いくつかの教会が煉瓦で建てられています。

ニコライ現代美術センターは、一六世紀前半に教会として建てられたもので、現在は美術館となっています。塔の基壇部などはかなり古いものでしょう。一八〇〇年頃にも火災にあったりして大きな修復がなされたそうです。さまざまな積み方が散見される建築となっています。

デンマーク
ユダヤ博物館と
王立図書館の庭

端部が「七五」で
納められています

ニコライ現代美術センターの基壇部

ニコライ現代美術センター

修復されていますが、「オランダ積み」です

さまざまな積み方が見られます

精霊教会

一六世紀末に現在の主要部が建設された精霊教会（Helligands Kirke）も、煉瓦で構成された建築ですが、「フレミッシュ積み」の部分があったり、「イギリス積み」で「ようかん」を用いたイングリッシュコーナーの部分があったりと、かなり不思議な建築となっています。このふたつの積み方の接合部は、明らかに不合理です。バットレス状の部分は、後から付け加えられたものなのかもしれません。

「北欧積み」風のパターンの部分もあり、この教会がさまざまな時代の建設の集積であることを感じさせます。一七二八年にはコペンハーゲンで大火があったそうで、その際にもかなりのダメージを受けたようです。

「北欧積み」風のパターンの部分

「フレミッシュ積み」と「イギリス積み」2つの積み方の接合部

精霊教会

港湾地区のカラフルな家並み

変容していく技術

コペンハーゲンと言えば、港湾地区のカラフルな家並みが有名です。これらの建築も軀体は煉瓦造なのでしょうが、左官による仕上げがなされているので、煉瓦の積み方は定かではありません。

その一角に建つこのビルは、一七五六年の銘板が掲げられていますので、一八世紀半ばの建設であろうと思われます。

「1756年」の銘板が掲げられています

基本は「オランダ積み」ですが、明快な寸法調整は行われておりません。上部がせり出している部分があるなど、自由に煉瓦を使いこなしているように感じられます。「ようかん」の使い方も不思議です。一七世紀にオランダから導入された技術が、次第に変容していった結果なのでしょうか。

「ようかん」の使い方も不思議

コペンハーゲン市庁舎

二〇世紀に入って建設されたコペンハーゲン市庁舎は、外壁が煉瓦で構成された建築ですが、細部は煉瓦を自由に用いて豊かな表情になっていたり、さすがに自由な煉瓦の使い方がなされています。

この市庁舎は、観光対象施設となっているわけではありませんが、中庭、内部空間など、見どころ満載です。コペンハーゲンに行かれたら、ぜひ行ってみましょう。

コペンハーゲン市庁舎

基本は「オランダ積み」なのですが、自由な構成になっていることがわかります

奥の方にある中庭

内部に入ると、確かに「シティホール」です

この張り出しなどは20世紀の建築らしいです

コペンハーゲン中央駅

中央駅近く「1860年」の銘板を掲げている「オランダ積み」の建築

コペンハーゲン中央駅

自由な造形をする

コペンハーゲン中央駅は、一九一一年に完成しました。一九一四年開業の東京駅とほぼ同時期の建設です。東京駅に比べると、煉瓦を自由に使った、手の込んだ造形がなされているように感じられます。一九世紀の建築は、煉瓦を純粋な構造体として使っていました。中央駅は、二〇世紀に入っての建築らしく、装飾的な煉瓦の用い方がいたるところに見られますが、基本は「オランダ積み」です。

少し郊外に建つデンマーク医薬庁の建築は、煉瓦造の部分に現代のガラスの建築を組み合わせた施設です。煉瓦造の部分もそれほど古い建築ではないでしょうが「オランダ積み」で、出隅の部分は「ようかん」を用いた納まりです。古い煉瓦建築を現代における施設として自由に使いこなすあたりは、日本における煉瓦造に対する思い入れとは明らかに異なっています。煉瓦造が珍しくないので、当然かもしれません。

コペンハーゲンの建築として忘れてならないのは、グルントヴィークス教会、通称オルガン教会です。設計は一九一三年ですが、建物がほぼ完成したのは一九二六年であり、表現主義の建築として知られています。黄色い煉瓦が用いられていますが、その積み方はかなり自由です。この建築では、煉瓦は、自由な造形をするための小さな単位の素材なのでしょう。

デンマーク医薬庁。ガラスを組み合わせた現代建築

郊外に建つデンマーク医薬庁

出隅は「ようかん」
で納めています

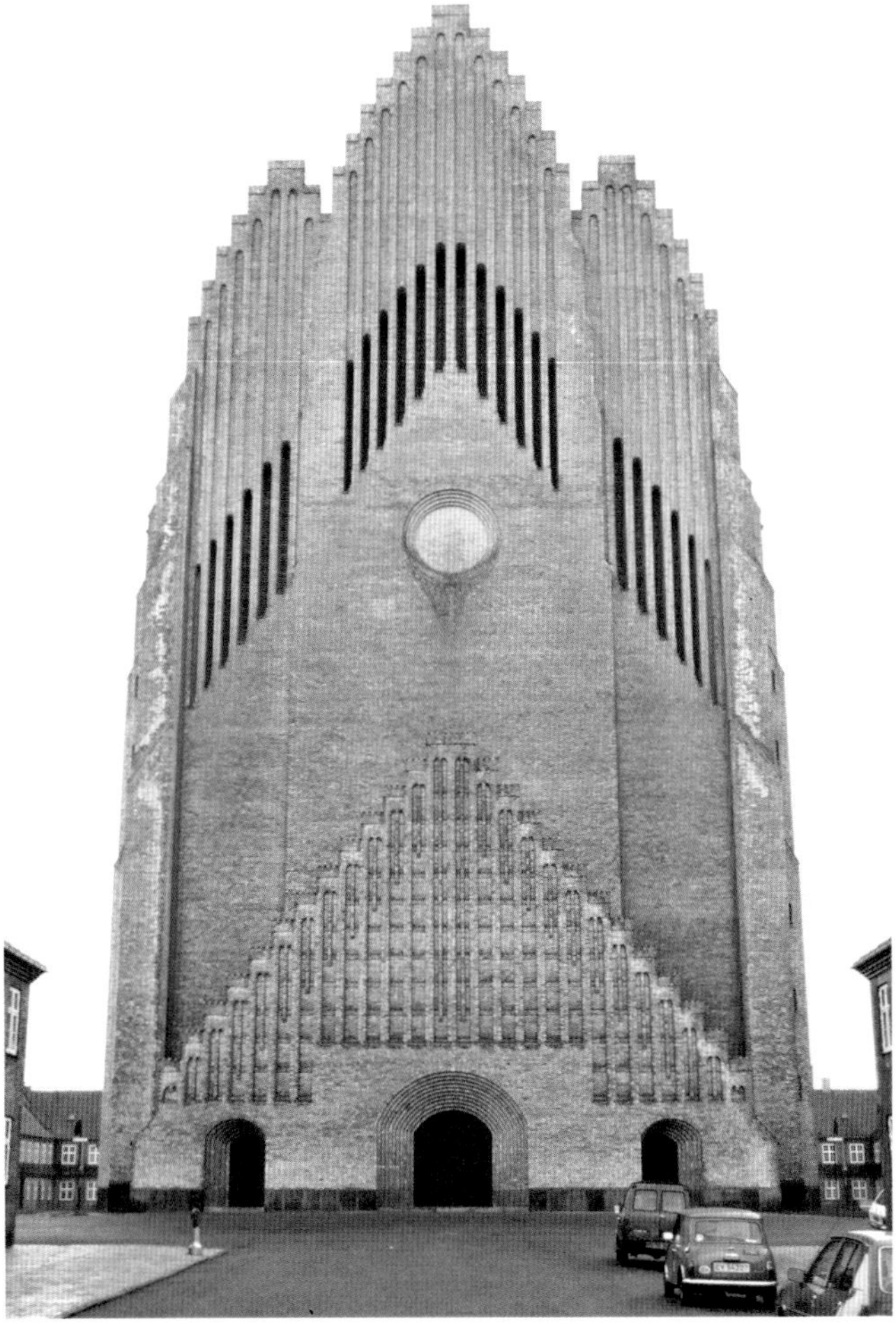

グルントヴィークス教会（通称オルガン教会）

表現主義の建築

世界遺産の城塞都市、タリン

エストニアの首都タリンは、世界遺産になっている城塞都市ですが、ハンザ同盟の都市ですから、ドイツの影響が長く続いていたようです。旧市街を歩くと、左官で仕上げられた薄い色の壁の建築が多く、むき出しの煉瓦造はあまり見ることができません。

少し外れに、左官仕上げが剥げた廃屋がありました。むき出しになった煉瓦の積み方を見ると、かなりでたらめです。オランダとは違い、いい加減な積み方のようですが、構造体ですから、ある考え方で積んでいるはずです。

左官仕上げが剥げた廃屋

煉瓦の積み方は、かなりでたらめです

エストニアの首都タリン

このような建築も建っています。この瓦は、オランダが起源の桟瓦のはずです。土を焼く技術は旅をしてきているようです

左官仕上げですが、剥がれている部分で煉瓦の積み方を見ることができます

タリンには、このような荒れ果てた建物もあります

「オランダ積み」が基本のようです

多様な煉瓦積み

タリンには、左の写真のような巨大な組積造の建築もあります。下層は石材と思われるものをブロック状にした組積造で、上層は煉瓦の大きさの組積造です。その積み方は、明快な「オランダ積み」です。

フェリーターミナルの近くに残っていた、煉瓦がむき出しの建築は、「イギリス積み」の部分もあれば、下の方には、長手の段をクロスさせた「オランダ積み」の部分もあります。職人さんの気ままな仕事なのでしょうか。

下の写真は旧市街に残る建築で、通りに面した平側は「小口積み」になっていますが、妻側の壁は例によって「イギリス積み」と「オランダ積み」のミックスのものがあります。煉瓦の積み方は、本当に多様です。

巨大な組積造の建築

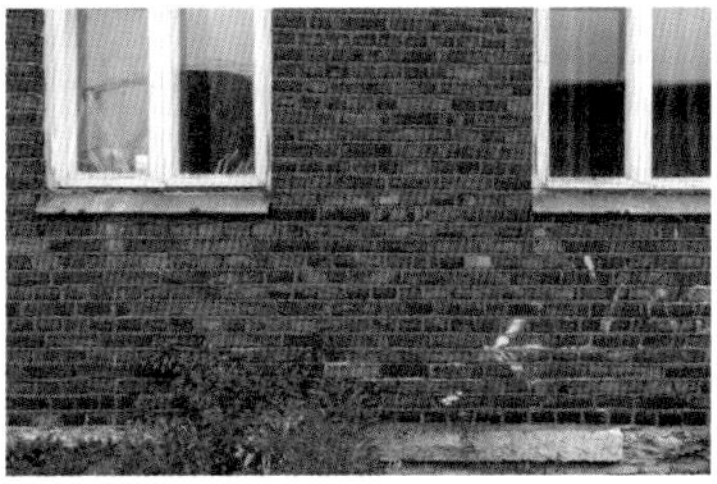

「オランダ積み」と「イギリス積み」のミックス

明快な「オランダ積み」

フェリーターミナルの近くに残っていた煉瓦がむき出しの建築

旧市街に残る建築。通り側は「小口積み」

妻面は「イギリス積み」と「オランダ積み」のミックス

タリンの城壁。
小さな石材の組積造

煉瓦のように積まれる石材の建築

タリンの城門

タリンの城壁

石材の都市、エストニア

エストニアがオランダと大きく異なるのは、小さな単位で利用可能な石材の入手が容易だったことではないでしょうか。煉瓦のように積むことのできる石材の建築は、ほかの石造の国とは異なり、煉瓦に近い雰囲気があります。

煉瓦を見る旅をしてきましたが、タリンは世界遺産の素敵な街です。煉瓦の積み方などは気にしないで、古い街のそこかしこで素敵な空間を見つける旅がよいでしょう。

フィンランド最古の都市、トゥルク

タリンからヘルシンキへは、フェリーですぐですが、フィンランドではまず、西部にあるフィンランド最古の都市、トゥルクに行ってみましょう。トゥルクの大聖堂は、一三〇〇年ごろの建設で、街のシンボル的存在です。正面の下部は石積みでそこが当初の構造なのでしょうが、塔の外観と側面は煉瓦です。後世の修復でしょう。

足元の煉瓦を見ると、修復されているようですので、いつの時代のものかわかりませんが、左の写真では、下の部分は「フレミッシュ積み」です。ところが、窓の下の部分を見ると、長手が繋がっていて、ところどころに小口があります。「フレミッシュ積み」との境目を見ると、かなり不規則です。

大聖堂足元の煉瓦、不規則な境目。下の部分は「フレミッシュ積み」

隣の建築を見ると、修復したと思われる出隅や下部の部分は「フレミッシュ積み」ですが、その上の古い部分は、長手ふたつ・小口ひとつという段で構成されていて、そのずれ方が、半ピッチではありません。「フレミッシュ積み」的な「北欧積み」と言ってよいかもしれません。

長手ふたつ・小口ひとつという段の積み方を「北欧積み」と呼ぶことがあるのは、適切なのかもしれません。

トゥルクの大聖堂

ほかのところを見ると、小口がふたつ並んでいるところがあるなど、かなり不思議です

大聖堂の隣の建築

聖堂の一部も、明らかに時代が下っていますが、長手ふたつ・小口ひとつという段でできています

「七五」を小端建て風に並べているところがあるなど、謎は深まるばかりです

小口の部分の上下でのずらし方が、不規則であることが、この建築の特徴かもしれません

アアルト記念講堂

ヘルシンキのアアルトとシレン夫妻の煉瓦

フィンランドと言えば、建築家アルヴァ・アアルトでしょう。ヘルシンキ工科大学も、現在は「アアルト大学」と名前を変えてしまったくらいです。

アアルト記念講堂は、一九六六年ごろの建築ですから、もちろん煉瓦造ではないのですが、煉瓦を思わせる外壁がアアルトの特徴でしょう。この煉瓦調パターンは、どうなっているのでしょうか。トゥルクで見たパターンと同じです。「北欧積み」と言ってもよいでしょう。

外壁

長手ふたつに小口ひとつの「北欧積み」

アアルト大学のあるオタニエミには、シレン夫妻の設計によるオタニエミ礼拝堂（一九五七年）がひっそりと建っています。木材と煉瓦で構成された素晴らしい空間ですが、その煉瓦のパターンは、残念ながら、「長手積み」となっています。むしろ無性格にしたかったのかもしれません。

オタニエミ礼拝堂

煉瓦仕上げの内壁

アアルト自邸とヘルシンキ中央駅

最後に、公開されているアアルトの自邸に行ってみましょう。煉瓦の壁が白いペンキで塗られています。無性格にしたかったのでしょうか。

よく見ると、「オランダ積み」のパターンです。フィンランドまで旅しているのです。

当時としては斬新だったヘルシンキ中央駅を最後に、フィンランドを離れましょう。

アアルトの自邸

白く塗られた内壁。
よく見ると「オランダ積み」

ヘルシンキ中央駅

アアルトの自邸。外壁

COSTA
COSTA
ST PANCRAS
STATION
UNDERGROUND

大火で発展した イギリスの煉瓦積み

セント・パンクラス駅

ロンドン北の玄関口、セント・パンクラス駅

海を渡って、イギリスにやってきました。

ロンドンの北の玄関、セント・パンクラス駅は典型的な終着駅の建築で、正面は立派な煉瓦造です。一八六八年にミッドランド鉄道のターミナル駅として開業しました。側面も煉瓦造ですが、プラットフォームの上は巨大な鉄骨のアーチで覆われています。鋳鉄のベースには、一八六七年の建設であることが記されています。

一九九一年ごろには、線路の本数も少なくなり、ガラス屋根だった中央部分は塞がれた状態でした。インターシティなどの長距離列車が停まっていると、懐かしい終着駅という雰囲気がありました。

二〇〇七年には、ユーロスターのロンドン側の駅となったため大改修が行われました。地下を掘り下げていますが、当初の雰囲気はそのままです。ノスタルジックな感じはなくなりましたが、改修事例としては、かなり成功しているのではないでしょうか。

煉瓦造の部分も見どころ満載の駅舎です。

左ページ右下の煉瓦の柱型は、「イギリス積み」

プラットフォーム上の鉄骨のアーチ

1991年の写真

セント・パンクラス駅側面

で構築されています。幅は小口一二個分で、端部は「ようかん」で納められています。まさしくイングリッシュボンド、「イギリス積み」です。

左の一番上の写真の柱型は、小口七・五個分であり、典型的な「イギリス積み」とは見にくいのですが、端部を「ようかん」で納めていることがわかるでしょう。角の煉瓦を丸く掘り出しているなど、手間をかけた仕事となっています。

左下の写真も、セント・パンクラス駅の煉瓦積みですが、長手の段が上下で半分ずれているところが二か所あります。「オランダ積み」のことを英語では「イングリッシュクロスボンド」と呼ぶことがあるので、クロスした部分があると言ってもよいでしょう。このような例は、オランダでも古い事例にかなり見ることができました。日本でもときどきあり、東京駅の煉瓦積みにも見られます。何らかの意図があるのか、職人の気ままな仕事によるのかどうかはわかりません。

「イギリス積み」の柱型

鋳鉄のベース（1867年）

さまざまな意匠が採り入れられた駅舎

改修された内部

長距離列車が停まっているターミナル駅（改修前）

長手の段がずれているところがあります

まさに「イギリス積み」

2014年のリノベーションで加えられた架構

1991年の写真

キングス・クロス駅

キングス・クロス駅とサーペンタイン・ギャラリー

セント・パンクラス駅に隣接して建つキングス・クロス駅は、基壇部は石造ですが、全体としては黄色い煉瓦の建築です。鉄骨アーチの側面が煉瓦造であることは、セント・パンクラス駅と同様ですが、一八五二年の建設ですから、鉄骨ヴォールトのスパンが、まだ小さいのでしょう。二〇一四年のリノベーションで大胆な鉄骨架構が加えられ、煉瓦の壁の部分と対比的になっています。

一九九一年には、左上から二番目の写真のような状況でした。ふたつの鉄骨によるヴォールトが特徴的で、それがファサードにも表れている建築ですが、そのヴォールトを支える鉄骨の列柱が、手前の駅舎側では煉瓦の大きなアーチになっています。この煉瓦は、「フレミッシュ積み」で造られています。

サーペンタイン・ギャラリー。2000年から、有名建築家によって仮設のパビリオンが夏季限定で建てられています

ロンドンのケンジントン公園の一角に、サーペンタイン・ギャラリーという建物があります。一九三四年に建設されたものですので、比較的新しい建築ですが、「イギリス積み」の煉瓦造です。下から二番目の写真の柱型の幅は小口九個分です。柱型の中央部に灰色の煉瓦が用いられているため、「ようかん」を用いたイギリス風の納まりであることがわかります。その下の写真の壁の幅は小口六個分です。このように、煉瓦を単位とした明快な寸法調整が行われているのは、近代の建築だからかもしれません。

さて、ロンドンを離れて、イングランドの中央部に行ってみましょう

小口９個分の柱型

小口６個分の柱型

イギリスの煉瓦積み

日本の煉瓦造建築の多くのものは「イギリス積み」です。なので、イギリスは煉瓦の国と思われていますが、ある時期までは木造中心の国だったようです。木材が採れたのでしょう。

一五世紀から一七世紀にかけてのハーフティンバーと呼ばれる建築は、とてもイギリスらしさにあふれています。もちろん、石造の建築もありましたが、一六六六年のロンドン大火では、八割以上の家が燃えたと言われています。ロンドン市内の建築はほとんどが木造で、一七世紀の前半は、アムステルダムなどとはまったく異なった街でした。

「イギリス積み」の側面。「ようかん」が使われています

ロンドン大火を機に、新築の建築を木造で建てることは禁止され、すべて煉瓦造か石造で建設することが義務づけられます。イギリスの煉瓦の発展は、それからと考えてよいでしょう。なお、煉瓦造であっても屋根を構成する小屋組みは木材ですから、大火の後、ノルウェーから木材が多量に輸入されたそうです。

図に示す「イギリス積み」(イングリッシュボンド)と呼ばれる積み方は、「オランダ積み」と似ていますが、長手の段の目地が上下で揃っていることが違いです。

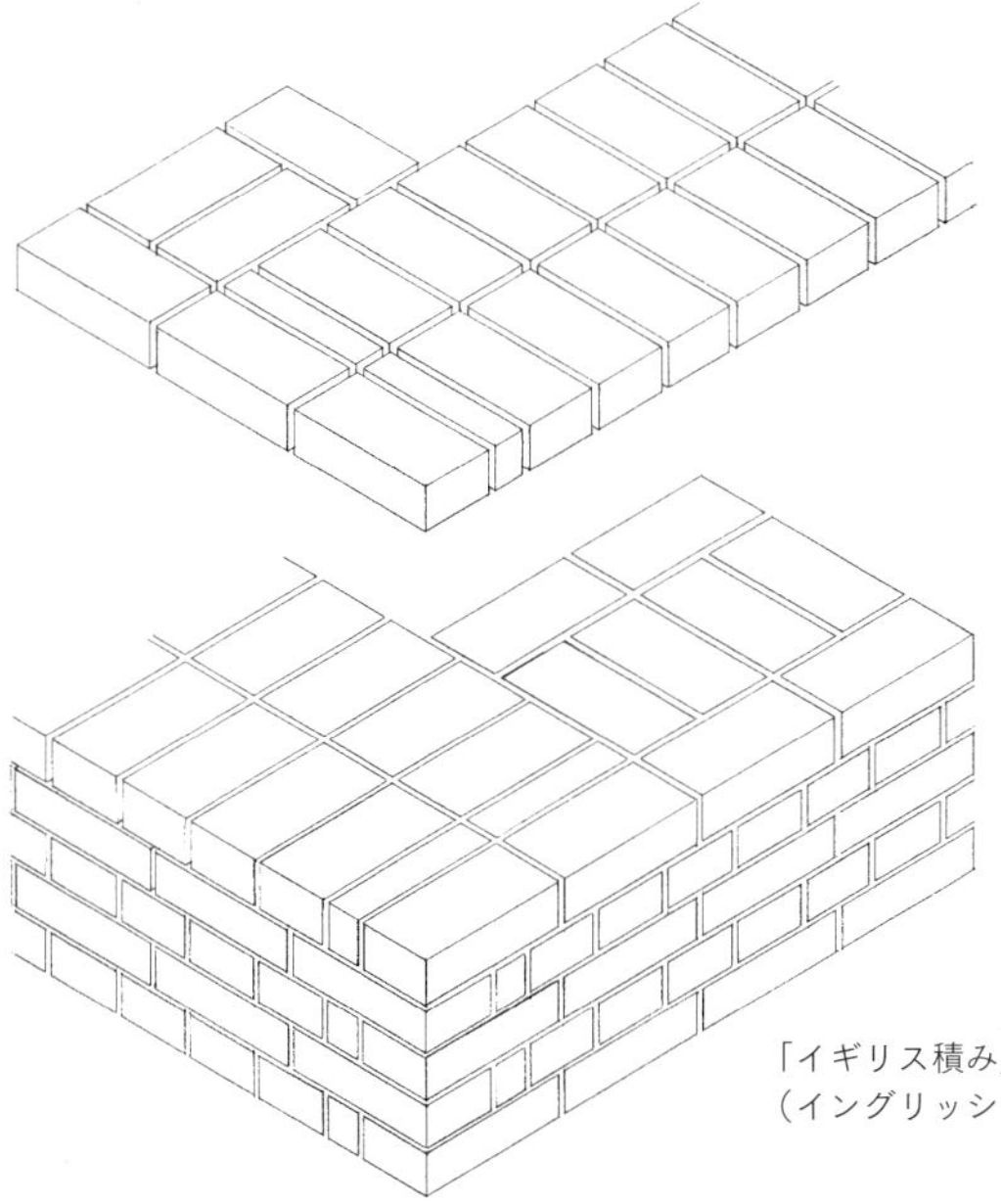

「イギリス積み」
(イングリッシュボンド)

側面を見ると長手の段と小口の段が交互に積まれています。これを図のように立体的に見ると、壁の角で、この段が入れ替わっていることがわかるでしょう。この隅角部や窓周りの処理に、「ようかん」が用いられるのですが、英国ではこの「ようかん」を「クイーンクローザー」と呼んでいます。

同じ「イギリス積み」でも、端部を「七五」で納めることが可能です。最初にオランダを旅したときにお話ししましたが、このパターンを「オランダ積み」と解釈していた時期が日本では長く続いていました。なぜ、そのような間違いが起きたのかについては、帰国してからお話ししましょう。

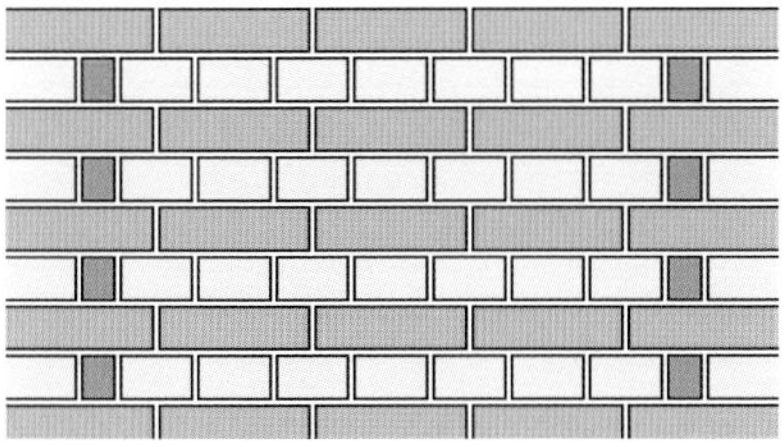

側面。交互に積まれている長手の段と小口の段

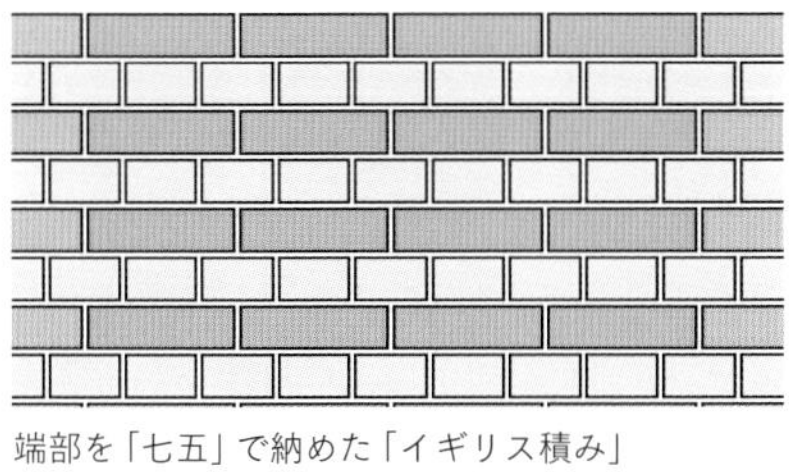

端部を「七五」で納めた「イギリス積み」

リトル・モレトン・ホールとアイアンブリッジなど

イングランド中部、マンチェスターの南に建つマナー・ハウス、リトル・モレトン・ホール（Little Moreton Hall）は、大規模なハーフティンバーの凝った建築で、煙突部分に立派な煉瓦積みが用いられています。一六世紀半ばの建築ですが、煉瓦の部分は少し後のものでしょう。

「イギリス積み」が基本ですが、これまた部分的にクロスしていることがあります。古い時代の煉瓦造と言ってよいでしょう。

さらに南の、近代製鉄業発祥の地である、コールブルックデール（Coalbrookdale）の近くのセヴァーン川にかかる鉄骨の橋、アイアンブリッジは一七七九年の建設です。世界文化遺産であり、産業革命の象徴ですが、石造や煉瓦造アーチの橋の形を模しているのも魅力でしょう。

そのアイアンブリッジの近くに建っている建物の煉瓦は、かなり古く見えますが、入り口の左側は「長手積み」、右側は「フレミッシュ積み」です。どういうことでしょうか。

下左側の写真も近くの建築の煉瓦積みですが、煉瓦の小口のプロポーションが幾分ずんぐりとしています。煉瓦の厚さが大きいですね。でも、「イギリス積み」ですし、左側は「ようかん」を用いたイギリスの納まりです。煉瓦造はさまざまです。

リトル・モレトン・ホール

部分的にクロスした煙突の煉瓦

リトル・モレトンの煙突

セヴァーン川にかかるアイアンブリッジ

幾分ずんぐりとした「イギリス積み」

アイアンブリッジ近くの建物

コールブルックデールの製鉄所跡とシュールズベリーの煉瓦造

　コールブルックデールの古い製鉄所跡にも、煉瓦の壁がありますが、あまり規則性は見られません。しいて言えば、長手の段が重なっていて、数段ごとに小口の段らしき積み方が見られます。これはアメリカで見られる煉瓦積みに似ています。

　このように、イギリスの煉瓦の積み方は、必ずしも「イギリス積み」というわけではありません。実は、ロンドンをはじめ、イギリスには、「フレミッシュ積み」の建築も少なくないのです。次にいくつかの例を見てみましょう。

コールブルックデールの製鉄所跡

　先ほど紹介したアイアンブリッジに近いイングランド中部の都市、シュールズベリー(Shrewsbury)に建つ煉瓦造の建物です。「フレミッシュ積み」ですが、端部は「ようかん」で納めるイギリス風の積み方です。

　入り口の右側は、改修の跡がありますが、「オランダ積み」風です。かなり不規則な積み方ですが、イギリスでも、古い時代にはこのような積み方だったのではないでしょうか。

　下の左の写真などは、「フレミッシュ積み」を基本としているように思えますが、窓枠の間の壁の幅が小口一〇個分で、窓際を「ようかん」で納めているため、長手が入るべきところに小口が使われている部分があります。

　ハーフティンバーが主体だった街に、徐々に煉瓦造が建てられていったのでしょう。そのプロセスで、どのような煉瓦造が主流となったのかは、とても奥が深い問題です。

窓周りの「フレミッシュ積み」

入り口右側の改修跡

変則的な「フレミッシュ積み」

シュールズベリーの煉瓦造

ケンブリッジ大学の煉瓦積み

ケンブリッジ大学

ケンブリッジとリバプール

ロンドンの北の大学の街、ケンブリッジに行ってみましょう。ケンブリッジ大学は、たくさんのカレッジで構成されています。トリニティカレッジやキングスカレッジなどは石造ですが、セント・ジョーンズカレッジやクイーンズカレッジなどは煉瓦でできています。歴史を感じさせる建築ですが、煉瓦の積み方は、かなり不規則のようです。

一九世紀、リバプールが大英帝国の貿易港として栄えていたころの一八四六年に、アルバート・ドックに巨大な倉庫が造られました。鋳鉄の柱と煉瓦を組み合わせた建築で、床も木材の梁を使わずに、鉄骨の梁と煉瓦アーチでできています。最初の耐火建築の倉庫と言われています。一九六〇年代、リバプールは荒れた街として知られていましたが、一九八〇年代には、この倉庫がリノベーションされ、観光拠点になっています。

基本は「イギリス積み」で、入り口周りには「ようかん」が使われています。しかし、長手の段がずれている箇所がかなりあるなど、一九世紀の煉瓦造としては不規則なところもあります。

いずれにせよ、煉瓦造の世界遺産としては、一級品でしょう。

リバプールにあるリノベーションされた倉庫の内部

リバプール・アルバート・ドックの巨大な倉庫

倉庫の入り口周り

アイルランド、ダブリン

海を渡って、アイルランドのダブリンに行くと、ジョージアン様式の、いわゆるテラスハウスが建っています。ジョージアン様式は一八世紀と言われていますが、このような住宅は、もう少し遅い時代のものかもしれません。

ふたつ並んだ玄関が、このスタイルの最大の特徴でしょう。よく見ると、「フレミッシュ積み」で、「ようかん」が使われています。

ただ、近年の住宅は、ブロック造で外断熱がなされます。そうなると、煉瓦を積んでいても、表層だけで「長手積み」になってしまいます。

ジョージアン様式のテラスハウス

この住宅も「フレミッシュ積み」です

ふたつ並んだ玄関

近年はブロック造で外断熱がなされます

端部の住宅はこのような感じです

「オランダ積み」を「イングリッシュクロスボンド」と呼んでよいのか？

ロンドンの中心部、ロンドンブリッジの南側に、サザーク大聖堂という建築があります。1420年ごろに建ったゴシック建築ですが、身廊部分は19世紀に改築されているようです。

「イギリス積み」の壁体も残る教会ですが、過去の基礎部分が展示されています。よく見ると、17世紀のデルフト窯の煉瓦と書かれています。17世紀にオランダの煉瓦が直接影響を与えたということでしょう。

「イギリス積み」のことを「イングリッシュボンド」と自ら呼んでいるのは、なぜでしょうか。オランダから伝わった煉瓦の組積法を、自分たちで改良したのだという主張であるのかもしれません。しかし、「オランダ積み」を「イングリッシュクロスボンド」と呼ぶのは、はっきり言って、言い過ぎでしょう。

サザーク大聖堂

「17世紀 Delft Kiln」

「17世紀のデルフト窯の煉瓦」と書かれています

misia

オランダの影響濃い ドイツ・中欧・ベルギー

ポツダムのオランダ街

オランダの影響濃い
ドイツ・中欧・ベルギー

ドイツのなかのオランダ

大陸に戻って、ドイツを旅してみましょう。ドイツの煉瓦積みはオランダの影響を強く受けています。もちろん、古くから煉瓦は用いられていましたが、近代に繋がる規則的な煉瓦積みは一八世紀ごろからのようです。

一七四〇年ごろ、ベルリンに隣接するポツダムにオランダ街と呼ばれる一角が建設されます。プロイセンが力を持ち始めたころ、フリードリッヒ・ヴィルヘルム一世が、オランダからの移民を奨励し、オランダの煉瓦技術者を招いて建てさせた住宅群です。一七四二年に建設されたと言われていますが、一七四〇年には息子であるフリードリッヒ二世（フリードリッヒ大王）が国王を継いでいますから、フリードリッヒ二世の進めたことであるのかもしれません。

ゲーブル（切妻）の造り方など、まさにオランダの街です。しいて言えば、家ごとに個性を主張するデザインとなっていないことが、建設のいきさつを物語っているのかもしれませんし、ドイツらしくなっていると言ってよいのかもしれません。

イギリスと同様に、オランダ総督との姻戚関係もあり、効率的に強度のある壁体を構築する手法としての「オランダ積み」が、その後もベルリンを中心とするプロイセンで広まったのは当然のことなのでしょう。オランダ街は現在は文化財になっていて、美しく整備されており、その積み方も明瞭にわかる建築群となっています。

その後、「オランダ積み」はドイツ北部から全土に広まっていったと考えられます。たとえば、一八七六年に建設されたバイロイト祝祭歌劇場も、煉瓦の部分は「オランダ積み」となっています。

ゲーブル（切妻）

オランダ街の一角。小口8個分の窓間の長手の段では、小口が左右に振られて入っています

出隅はもちろん、「七五」を用いたオランダ風の納まり（ダッチコーナー）です

バイロイト祝祭歌劇場

ハンブルガーバーンホフの数奇な運命

ベルリンで最初に建設された鉄道駅は、ハンブルクへ向かうターミナル駅のハンブルガーバーンホフ（Hamburger Bahnhof）です。1847年とかなり早い時期に建設されたこの駅は、1884年には新駅に移転したため、プロイセン王立ミュージアムとして使われることになりました。

駅舎のミュージアムへのコンバージョンは、パリのオルセー美術館が有名ですが、その100年前にコンバージョンがなされているのです。第二次世界大戦後は西ベルリン地域であるにもかかわらず、Sバーンなどの鉄道が東側に属することから、東ベルリン管理下という数奇な運命をたどりました。壁の崩壊に先立つ1984年に西側に渡され、その後、建築コンペティションで、建築家ポール・クライフスが選定され、1996年に新しいアートギャラリーとして完成しています。

まぎれもない「オランダ積み」ですが、場所によっては長手をふたつ並べる積み方も見られます

駅舎の架構が活かされた空間であり、煉瓦は白い壁で覆われていますが、展示室によっては煉瓦がむき出しになっています

入隅の左側が「オランダ積み」、右側が北欧風と言われる積み方です

ベルリンのハンブルガーバーンホフ

ポツダムの天文台

一八七九年にポツダムに建設された天文台の本館は、帯状に赤い煉瓦を入れた煉瓦造です。ポツダムの建築らしく、「オランダ積み」となっています。出隅はもちろん、「七五」を用いた納まりです。正統な「オランダ積み」と言ってよいでしょう。一九世紀後半の建築ですから、古い建物ではありませんが、しっかりと積まれていることが理解できます。

アインシュタイン塔

この天文台にはいくつかの美しい「オランダ積み」の建築がありますが、建築界で有名なのは、エーリッヒ・メンデルゾーンによって建設されたアインシュタイン塔（一九二四年建設）でしょう。この建築も主体構造は煉瓦造です。建設時の写真があれば積み方もわかるのでしょうが、表現主義の造形のため、一般の壁体とは異なる積み方であるに違いありません。

広大なサンスーシー宮殿の一角、シャルロッテンホーフの塀も「オランダ積み」です。目地が斜めに幾重にも走っているのがわかるでしょう。

メンデルゾーンが一九二八年に建てた、ベルリンのクアフュルステンダム通りの映画館、ユニバースムシネマ（現シャウビューネ劇場）も「オランダ積み」です。

ただ下左の写真を見ると、下から三段目の長手の段と五段目とでは目地がずれていません。すでに各地で見てきたように、よくあることなのかもしれません。この建築でも、そうした意図があるのかどうかは不明です。

天文台の本館

帯状に赤煉瓦が入る

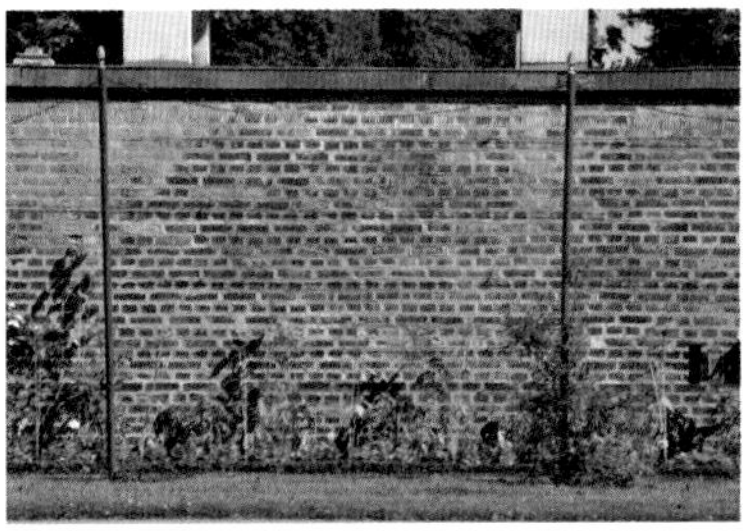

サンスーシー宮殿の一角、シャルロッテンホーフの屏

出隅。「七五」を用いた納まり

ユニバースムシネマ（現シャウビューネ劇場）

一部長手がずれていない「オランダ積み」

目地のずれ

ほかの建築で、この目地をずらすかどうかの問題を見てみましょう。一八八七年にワイマールに建設され、現在ゲーテ・ギムナジウムとして使われている建物は、柱型部分が煉瓦の顕しで、腰壁部分は明るさを変えた左官仕上げの建築です。

この左官仕上げの部分の剥がれているところを見ると、長手の段の目地がずれているところと、ずれていないところが混在しています。

これらは積む手順としては大きな違いはないので、表面に目地が出ないのであれば、適当にずらしておこう、という職人の気持ちの表れなのかもしれません。構造軀体としての煉瓦の積み方なのです。

一方、柱型の部分は、小口が連続しています。小口の連続した表面を「ドイツ積み」と呼ぶことがありますが、「積み」という表現は適切ではないでしょう。「イングリッシュボンド」などという語にある「ボンド」は、「繋ぎ」ということであり、それを「積み」と訳していることにも無理があると思われます。

丸の内駅舎の煉瓦積みの表現が小口積みであることは有名ですが、中の壁体は「イギリス積み」となっています。そのことは、帰国後にお話ししましょう。

左のふたつの写真は、ライプツィヒで見かけた名もないビルですが、妻面は左官仕上げであり、隣接する建物が解体されたために、煉瓦がむき出しになっています。

その足元をよく見ると、表に出ていた部分は小口積みの表現となっているのですが、その奥は「ようかん」を用いた「オランダ積み」であることがわかります。

このような例を見ると、小口の表現を「ドイツ積み」と呼びたくなる気持ちもわからないではありません。

ゲーテ・ギムナジウム

柱型の部分は、小口が連続しています

ライプツィヒで見かけた名もないビル

仕上げの下の見えない部分は「オランダ積み」でした

ドイツ西部の新しい「イギリス積み」

ドイツの西部に行ってみましょう。

フランクフルトの西、ヴィスバーデンのマルクトキルへは、一八六二年に建設されました。すべて煉瓦で造られた赤煉瓦の教会です。これも修復されているとは思いますが、「イギリス積み」で造られています。端部の納まりなど、意匠を優先させたと思われる部分も散見される建築です。

同じヴィスバーデンに建つ下のふたつの写真の建築も「イギリス積み」ですが、出隅は「七五」を用いたオランダ風の納まりです。

このように、ドイツでもさまざまな積み方を見ることができますが、北部の煉瓦積みの主流は、やはり「オランダ積み」と言ってよいでしょう。

マルクトキルへ

端部の納まり

側面

出隅は「七五」を用いたオランダ風

ヴィスバーデンに建つ「イギリス積み」の煉瓦建築

ケルンの港湾地区と トラーベン トラバッハの 石炭火力発電所

ケルンの港湾地区に建つ写真右側の建築は一九世紀のものでしょうが、「オランダ積み」であり、石材とのコーディネーションもしっかりとなされています。

隣接して建つ建築の方は、表面は小口積みとなっています。かなり装飾的な表現がなされていますので、このような建築に対しては「積み」という表現は相応しくないでしょう。

南に下がって、モーゼル川の畔、トラーベントラバッハという小さな街で見かけた左下の建築は、一八九〇年に、当時としては珍しい石炭火力発電所として建設されたものです。「オランダ積み」ですが、端部には「ようかん」が使われ、長手がずれていない部分もあります。基本は典型的な「オランダ積み」であり、小口六個分の柱も正統な割り付けとなっています。トラーベントラバッハは、電気を利用できるとても進んだ都市でした。

ケルンの港湾地区に建つ建築

石材と「オランダ積み」の組み合わせ

隣接して建つ建築

小口6個分の柱型

ドラーバントラバッハの石炭火力発電所

石炭火力発電所の端部

二〇世紀になっても受け継がれた「オランダ積み」

トラーベントラバッハの石炭火力発電所と同じころに建てられたと思われるベルリンの醸造所は、現在は素敵な料理を提供するレストランにコンバージョンされていますが、これも正統な「オランダ積み」です。

左下の建築は、デュッセルドルフの北のデュースブルクに建っていた、一九〇九年建設の穀物倉庫を、建築家ヘルツォーク&ド・ムーロンが近代美術館にコンバージョンしたもので、やはり「オランダ積み」です。改修にあたって塞いだ開口部もあり、その部分に関しては、「長手積み」で積んでいるのは意図的でしょう。ただ、明らかに後から補っていることを見せるのは大切なことですが、別の処理もあったのではないかと思わせる事例です。

装飾的な煉瓦の配列は、この時代の特徴でしょう

窓間の壁の幅は小口7個分であり、奇数であるため、左右対称の割り付けとなっています

ベルリンの醸造所

デュースブルクの1909年建設の穀物倉庫が近代美術館へ

この建築もベルリンのもので、かなりきっちりとした積み方で、開口部周りも納められているのがわかります

下の写真は、二〇世紀に入っても「オランダ積み」が受け継がれていたことを示すものです。

中央ドイツのカールスブルグという田舎町に建つこの住宅は、「一九一一年」という看板が出ています。正統な「オランダ積み」です。右の窓間が小口七個分できれいな割り付けとなっていますが、左の窓間が八・五個分で、配列が崩れているのが不思議です。

デュースブルクの近代美術館

改修で空いた開口部

1911年建設の「オランダ積み」

オリジナル部分と改修部分

カールスブルグに建つ住宅

白いペンキが塗られた古い階段室の壁。
「オランダ積み」ということがわかります

ファグス靴型工場

グロピウスによるファグス靴型工場は、一九一三年の建築です。二〇世紀に入っての近代建築の動きの中でも飛びぬけて初期のものです。いまや世界文化遺産となっている建築ですが、その建設の経緯も複雑です。どのようにして組積造の表現にコーナーガラスを組み合わせた造形が発想されたのか、ここで触れるには大きすぎるテーマです。しかし、煉瓦パターンに触れないわけにはいかないでしょう。

ガラスのコーナーと煉瓦のコーナー

黄色い煉瓦の見え方は、ドイツらしい小口張りの表現ですが、コーナーには「七五」が使われています。あえて「七五」を用いていることや、下部の開口の上の楔形煉瓦を見ても、煉瓦積みであることを消そうとしたわけではないでしょう。

象徴的な入り口周り

ファグス靴型工場

ベルリンのジードルンク

この後に続く近代建築としては、ベルリンのジードルンクを挙げるべきでしょう。ベルリンに六つある世界遺産のジードルンク（社会住宅）のうち、シラーパークは、一九二四年から一九三〇年にかけて建設されたものです。一〇〇年近く経った現在でも、集合住宅として住み続けられています。

ブルーノ・タウトの設計ですが、鉄筋コンクリートも用いられ始めており、窓周りの白色の表現など、明らかに組積造からの脱却を目指したデザインということができるでしょう。煉瓦のパターンは「イギリス積み」で、オランダ風に「七五」を用いた納まりです。

なぜ「イギリス積み」なのかは不明ですが、窓上部の納まりなどを見ると、すでに純粋な組積造の表現とは言えません。オランダの同時代の集合住宅もそうでしたが、煉瓦を自由に使って造形表現としていることが印象的です。一九二〇年代の建築の特徴と言ってもよいかもしれません。さまざまな意味で、時代が変換する時期なのです。

シラーパーク

この時代に特有なコーナーの表現

特徴的な窓周り

エントランスの自由な造形

ブリッツのジードルンク入り口

ジーメンスシュタットのジードルンクにはインフォメーションセンターがありますが、その建築は近代建築のスタイルであるものの、煉瓦のパターンは、ベルリンらしい「オランダ積み」となっています。

馬蹄形のブリッツのジードルンク。タウトの設計で、さらに自由自在に煉瓦が使われています

インフォメーションセンター

ウルムの大聖堂

さて、少し南ドイツに行ってみましょう。時代も遡ることになります。

ウルムの大聖堂は、最も高いゴシック教会として有名ですが、これまた、破壊と修復を繰り返していますから、いつの時代の構法とも言えません。煉瓦の使い方も興味深い建築です。

正面に見える部分は石造ですが、側面のバットレスのかなりの部分は煉瓦積みです。これが修復によるものか、当初からかなり使われていたのかはわかりませんが、パターンを見てみましょう。

面白いことに、基本は「フレミッシュ積み」です。ベルリンから遠く離れた南ドイツですので、フレミッシュが採用されたのでしょうか。いつの時代にこのような部分が造られたのかは知りませんが、ウルムの大聖堂の建設は一三七七年に始まったものの、身廊部の完成は一四二〇年ごろで鐘楼の完成は一八九〇年とされています。この間一五二九年から一八四四年までは工事が中断されていたそうです。下段右の写真の部分の煉瓦パターンは一五三〇年以前とは考えにくいので、一八四四年以降ということになります。

そうなると、修復にあたった技術者の判断でフレミッシュが採用されたのかもしれません。下段中央の写真では、石材の上の部分は明らかに新し

このように、天井が煉瓦で構成された部分もあります。長手だけが現れていますが、あまりに整然としていますから、19世紀以降の、かなり最近の修復でしょう

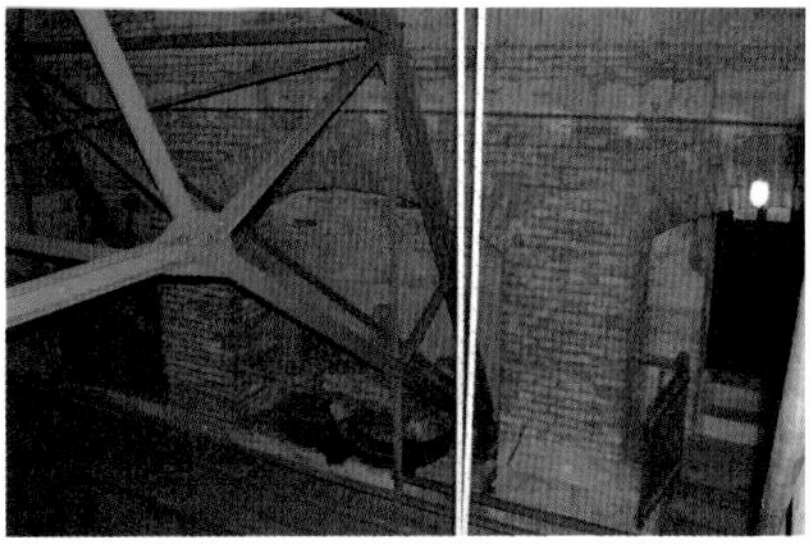

小屋裏に上がると、屋根が鉄骨で補強されていることがわかります。また、煉瓦を用いたアーチ状の開口をもつ壁も構築されています。19世紀以降になされた修復工事によるものでしょう

ウルムの大聖堂

本来は石造のゴシック教会なのでしょう

左右で修復の時期が異なります

「フレミッシュ積み」の修復

く「フレミッシュ積み」で「ようかん」が使われていますから、一九世紀半ば以降の修理でしょう。それに対し、石材の右側の部分は「フレミッシュ積み」的ですが、かなり不規則です。この部分は、かなり古い煉瓦積みであるのかもしれません。

本来は石造のゴシック教会なのでしょうが、修復の過程で煉瓦が使われているのは、ローマのコロッセオなどと同じであると言えます。

ウルムの大聖堂は、現在も修復工事が続けられています。永遠に工事中なのかもしれません。

修理の状況を見学する機会があり、このような角度から大聖堂を見下ろすことができました。細長い高さを感じることができます

ミュンヘンに残る城門、センドリンガー門

ミュンヘンに今も残る城門のひとつ、センドリンガー門は1318年にできたとされています。両側の塔は1420年の増築だそうですが、中央部は1808年に破壊され、1860年に塔が復元されたと言われています。さらに第二次世界大戦でも破壊されたというので、現在残っている煉瓦壁がいつのものであるかは不明ですが、明らかに不規則であり、煉瓦の大きさもさまざまです。古い時代の煉瓦積みの特徴です。

センドリンガー門

不規則な煉瓦積み

アウラ・パラティーナ

乱尺の煉瓦が用いられている

トリーアの煉瓦積み

さらに時代を遡って、フランスに近いドイツ西部の都市、トリーアの建築を見てみましょう。紀元前に建設されたドイツで最も古い街とされていて、ローマ時代の建築が残っています。

その中のひとつ、アウラ・パラティーナは、コンスタンティヌスのバシリカとも呼ばれる、ローマ時代の建築が残っている例です。煉瓦で囲まれた空間は壮大です。幾度にもわたって改修が繰り返されてきたのでしょう。さまざまな大きさの煉瓦が使われています。

ここには「乱尺」といって、長さがバラバラな煉瓦の薄いものを、目地を大きくとって重ねているものが見られ、積み方のパターンには規則性がありません。ローマ時代の煉瓦積みと同じような積み方と考えてよいでしょう。

こうしたローマ時代の煉瓦造については、イタリアに行って見ることにしますが、いままで見てきた、一六世紀ごろにオランダなどで確立した煉瓦積みとは、本質的に異なります。

同じトリーアには、ローマ時代の公衆浴場・テルメなども残っています。左の写真で見ると、かなりきれいに修復されていますが、その煉瓦積みはローマ時代のローマと同じような、乱尺の煉瓦を用いた積み方でしょう。

アウラ・パラティーナの煉瓦が現れた内部

ローマ時代の公衆浴場、テルメ

チェコに入り プラハ、ブルノ

ドイツから東に進み、チェコに行きます。

チェコと言えばプラハ、プラハと言えば丘の上に聳えるプラハ城と大聖堂でしょう。そのプラハ城に上る坂道の城壁は煉瓦を積んで構築されています。

修復の年代が異なるせいか、明らかに「オランダ積み」のパターンの部分もありますが、不規則に積まれた部分もあります。

プラハを離れ、南東の方へ足を延ばしてみましょう。チェコ第二の都市、ブルノ(Bruno)には、ミース・ファン・デル・ローエが設計し一九三〇年に完成したトゥーゲントハット邸があります。煉瓦造からの決別でもある、近代建築の代表的傑作です。

このトゥーゲントハット邸の近くに煉瓦の住宅が建っていました。なんと小口積みです。そして、出隅は「七五」の煉瓦で納めるという、とても興味深いものでした。

カレル橋とプラハ城

プラハ城に上る坂道の城壁

「オランダ積み」のパターンと不規則に積まれた部分とがあります

トゥーゲントハット邸

修復の年代によっても違うのかもしれません

トゥーゲントハット邸近くの煉瓦住宅

「小口積み」と「七五」の出隅

プラハ城から下りる坂道

煉瓦の住宅が街並みを構成しています

工業都市ズリン

ブルノからさらに東に進むと、ズリン（Zlín）という街があります。二〇世紀初頭に、バタという製靴工場によって、工業都市として栄えた街です。計画的に造られた労働者のための住宅街に、煉瓦造の住宅が大量に建てられた興味深い街です。その住宅群は今も残っていて、実際に住宅として使われています。

これらの住宅の多くは、「小口積み」で造られています。仕上げとしての小口煉瓦ではなく、小口を連続させた積み方ですから、かなり珍しい事例ではないでしょうか。

住宅の多くは、「小口積み」で造られています

後からの工事でしょうか。電気配線を、表面の煉瓦をほじくって埋め込んでいるようで、どうしてだろうと疑問を感じざるを得ません。それでも、断熱工事の結果と思われる新しい外壁の「長手積み」よりは、はるかに趣があります

なかには、「イギリス積み」の住宅もありますが、多くは「小口積み」です

出隅の部分には「七五」の煉瓦が交互に用いられています。ブルノにあった住宅と同様です

バタ社の本社

1938年に建設された製靴業バタ社の本社は、16階建ての高層ビルです。社長室全体がエレベーターとなっていて、各階の事務室と社長室がつながるという、画期的なビルでした。社員の気持ちはどうだったのでしょうか。当時の欧州としては、珍しいスカイスクレーパー（超高層ビル）だったでしょう。スパンドレル（腰壁）部分は煉瓦のように見えますが、残念ながら、煉瓦タイルです。世界的に見て、煉瓦タイルの初期の例かもしれません。

奥に増築した住宅は、外壁は煉瓦ですが、「長手積み」になっていいます。断熱化のためでしょう

バタ社の本社

タイルの張り方は「長手積み」です

世界遺産の街、チェスキー・クルムロフ

チェコの最後は、世界文化遺産の素敵な街、チェスキー・クルムロフに行ってみます。なんとも魅力的な絵のような佇まいですが、この街に、煉瓦の煙突を持つ建築がありました。出隅部分には、なんと「ようかん」が用いられています。とても不思議な納まりです。

もっとも、さらに下の腰の部分を見ると、奥の建物の部分は左官で仕上げられているのですが、一部の剥がれ落ちているところを見ると、「イギリス積み」です。組積造としては「イギリス積み」を用いるけど、煉瓦をむき出しにする部分は「小口積み」で整えようという意識の表れかもしれません。

次は、南に下って、オーストリアのウィーンに行ってみましょう。

チェスキー・クルムロフ

上部の煙突部分は、外から見る限り、長手積み

下部の構造は、またまた「小口積み」。チェコに多いのかもしれません

ほかの部分の煉瓦の積み方は、もっと雑で、「イギリス積み」が基本ですが、不規則なところもあります。まあ、仕上げが施される躯体の構法としての煉瓦造は、こんなものなのかもしれません

壁の仕上げが落ちているから判明する話です

躯体としては「イギリス積み」です

オーストリア、ウィーンのガゾメーター

オーストリアは、新しい木構造の建築が面白い国です。森の国の資源を活かすためでしょう。煉瓦積みについては、特に見るべきものを聞きません。でも、少し変わったものはあります。

ガゾメーターと呼ばれる集合住宅です。もともとは一八九九年に、ウィーンのガスタンクとして建設された煉瓦造の構造物です。一九八四年にガスタンクとしての役割を終えたので、四人の建築家によって、住宅を含む都市施設に造り替えられました。用途変更、いわゆるコンバージョンです。住宅へのコンバージョン建築のはしりとしても有名です。

世紀末の建築として、石材と煉瓦により表情がつけられていますが、煉瓦部分は小口のみが見えるパターンです。円形だからかもしれません。構造体としてはどのような積み方なのでしょうか。

改修後の建物内部には、煉瓦が見えるところがありました。そのパターンを見ると、不思議な積み方です。小口の段があることは、「オランダ積み」や「イギリス積み」と同じですが、長手の段が、長手ふたつと小口ひとつが繰り返しています。

その結果、「オランダ積み」のような部分と「イギリス積み」のような部分が出てきます。「オランダ積み」のように目地が階段状に連続しているところがあるなど、とても興味深い積み方です。

この積み方がガゾメーターの中でどれほど用いられているのかわかりませんが、一九世紀から二〇世紀への変わり目の構造物らしさなのでしょうか。

ガゾメーター

極めて特徴のある積み方

石材と煉瓦の組み合わせ

カール・マルクス・ホーフ

ウィーンのカール・マルクス・ホーフは、一九二〇年代後半に建設された、社会住宅として有名な建築です。鉄筋コンクリートが用いられるようになった時代ですし、左官仕上げの、のっぺりとした外壁ですが、一部に煉瓦の壁が用いられています。中庭へのゲート部分の両側には煉瓦が用いられていますが、小口貼りのパターンです。チェコとの繋がりもあるのでしょうか。

街区の端部の角は煉瓦で仕上げられています。のっぺりとした廉価な市営住宅であっても、街との繋がりのポイントとなる部分には、歴史的な景観に配慮したのかもしれません。ここも小口貼り仕上げです。伝統的な煉瓦積みではないでしょうが、時代を反映しているのかもしれません。

街区の端部の角の部分

窓の上部などは、明らかに組積造の煉瓦ではありません

フンデルトヴァッサーハウスの塀

ウィーンの集合住宅といえば、フンデルトヴァッサーのカラフルな住宅が有名です。訪問する人の絶えない観光地となっています。煉瓦ではこの表現はできないですね。でも、塀には煉瓦造の部分があります。この塀は、「オランダ積み」と「イギリス積み」の併用です。フンデルトヴァッサー流に、楽しそうに積み上げていますが、ある意味正統な煉瓦積みです。

フンデルトヴァッサーハウス

「オランダ積み」と「イギリス積み」を併用した塀

カール・マルクス・ホーフ

中庭へのゲート部分

ウィーンには、土木構造物にも小口のパターンのものを見ることができます

ベルギー、フランドル地方、ルーヴェン

東へオーストリアまで行ってしまいましたが、近世煉瓦造の本家に近い、ベルギーに戻りましょう。

ブリュッセルの東にルーヴェンという大学街があります。おもな学部は街中にありますが、建築学部は、アレンベルク城という、一六世紀の建築に入っています。なんとも優雅な学部です。写真ではよくわかりませんが、「オランダ積み」で造られています。もっとも、この建築は、建設後、たびたび改修が行われているようなので、オリジナルなのかどうかはわかりません。

フランドル地方ですが、この時代のものが、「フレミッシュ積み」ではなく、「オランダ積み」であるということは納得がいきます。左下の住宅なども「オランダ積み」ですが、左の建物の妻壁のケラバ部分など、かなり凝った煉瓦の積み方をしています。

アレンベルク城。ルーヴェン大学建築学部

ルーヴェンには煉瓦の建築がたくさんあります

アレンベルク城正面

ルーヴェンの街並み

近くには、オランダ桟瓦の建築などもあります。この例を見ても、フランドル地方と現在のオランダとを、煉瓦の積み方から区別するのは難しいようです。

実際に足を運ばなくても、ルーヴェンの街を、グーグルのストリートビューで歩いてみると、さまざまな煉瓦の積み方がなされていることがわかります。

ルーヴェンの街並み。左から2番目の建築は「長手積み」で近年の改修と思われます

「フレミッシュ積み」が多いわけではなく、「オランダ積み」が多いようです。

右下の写真などはかなり新しい施工でしょう。確かに「フレミッシュ積み」は楽しいパターンです。この積み方を「フレミッシュボンド」と呼ぶようになった歴史は、欧州の研究者に聞かなくてはなりません。もっとも、英語ですから、イギリス人が勝手にそう呼んでいるのかもしれません。これを「フランス積み」と誤訳してしまったことについては、帰国してからお話ししましょう。

美しい街、ブルージュなども、煉瓦造の建築が多く残っています。フランダース地方の煉瓦積みが「フレミッシュ積み」というわけではないことがおわかりいただけるでしょう。

では、フランスにはどのような積み方があるのでしょうか。南に向かって、フランスの各地を旅しましょう。

ハーフティンバーと煉瓦造の住宅

「フレミッシュ積み」も見ることができます

オランダ桟瓦の建築

新しい施工の「フレミッシュ積み」

石造の国の煉瓦、フランス・スペイン

パリ・ヴォージュ広場

ヴォージュ広場

フランスでは「フランス積み」なのか

日本の煉瓦造には「フランス積み」と紹介されているものがありますが、これは明治時代に誤って使い始められた用語です。「フレミッシュ積み」「フレミッシュボンド」というのが正しい呼称なのです。フレミッシュというのは、「フランダース地方の」、ということで、「FL……」なので、フランスの「FR……」と間違われること自体が不思議です。この謎解きは帰国後にいたしましょう。

ところが、混乱を増幅するようですが、フランスで見られる煉瓦積みは、ほとんどが「フレミッシュ積み」なのです。

フランスは建築の表現としては石造が主流であり、構造躯体を煉瓦で造る場合も、表面は左官仕上げなどを施し、煉瓦を隠すのが一般的です。したがって、煉瓦が表に出ている建築は、比較的新しいものが多いのです。

パリ市内の有名なヴォージュ広場は、中層の石造建築に囲まれたスクウェアですが、石材の間にはめ込まれた煉瓦の色がとても印象的です。一六一二年ごろの建設ですから、パリの建築としては古く、オランダで煉瓦積みが発展した時期に相当します。この石材に挟まれた煉瓦のパターンは、同時代のオランダのものとは異なり、ほぼ「長手積み」のように見えます。といっても、煉瓦の長さが一つひとつ異なる、いわゆる乱尺です。むしろ、古代ローマの煉瓦に近い見え方です。「オランダ積み」「イギリス積み」といった、近代に繋がる煉瓦の組積法とはまったく異なったものです。

しかし、印象としては一般的な煉瓦造に見えますから、赤い煉瓦の持つ力は不思議なものです。

まずは、パリを離れて、フランス各地の建築を見てみましょう。

石材に挟まれた煉瓦のパターン

トゥールの木骨煉瓦造

フランスの古い街トゥールには、木骨煉瓦造の建築があります。この煉瓦パターンも、乱尺の煉瓦を重ねたものです。トゥールは、古代ローマ時代のガロアから続く街ですから、そこに見られる煉瓦が、古代ローマと同じ乱尺のものであることは自然なのかもしれません。それとも、偶然の一致なのでしょうか。

右下の建築もハーフティンバーの古いものです。斜め格子状の木の組み方が特徴的です。間に入れられた煉瓦は、同じように乱尺です。もっとも、木材で囲まれた部分の形が不規則ですから、規則正しい煉瓦の配列ではかえって自然に見えないでしょう。

トゥールの建築

木骨煉瓦造の街並み

斜め格子状のハーフティンバー。
乱尺で積まれた煉瓦が入っている

スタニスラス広場

ナンシーのスタニスラス広場とポルト・デ・ラ・チタデル

フランス北部のナンシーは、エミール・ガレなどの工芸運動で名高く、気品のあるスタニスラス広場（一八世紀）に代表される石造建築の街です。

ナンシーの古い城壁に設けられたポルト・デ・ラ・チタデルは、城内側は煉瓦が現れていませんが、トンネル状の内部の通路は、煉瓦によってヴォールト状に造られています。城外側のファサードの一部は、城壁と繋がった煉瓦造となっています。その積み方は、「フレミッシュ積み」と言ってよさそうですが、崩れた積み方となっている部分も散見されます。

ポルト・デ・ラ・チタデル。城内側

城壁内の通路

城外側

城外側の煉瓦積み

クラフェ門

ポルト・デ・ラ・チタデルより少し南に位置するクラフェ門の方が、建築的には見どころがあります。一四世紀の建設と言われています。

城内側は石材で構成された立面で、基壇部に煉瓦が見えているだけです。その積み方は、長手が多く見えている部分があったり、小口が連続している部分があったりと、規則性が見られません。本来、石材で構成されるべきところを、ある時代に煉瓦で修復したのではないでしょうか。

またこの城門も、城外側に回ると、煉瓦が主体となったエレベーションとなっています。城内側と城外側でこれほど表情が異なることも興味深いです。

城外側の積み方は、上部は長手の層がずれていたりずれていなかったりの「イギリス積み」と「オランダ積み」の混合です。すでに見てきたように、このような混合積みは、さまざまな地域で見られますので、不思議ではありませんが、かなり時代が下った際の組積だと思われます。

そして、基壇部のタイルは、一九〇〇年前後にフランスでよく見られる、模様積みとなっています。明らかに近世の修復時の産物でしょう。

クラフェ門

かなり不規則な煉瓦積み

城内側の部分的な煉瓦

煉瓦が主体となったエレベーションの城外側

基壇部のタイル

オランダ侵略戦争とブザンソンの要塞

17世紀後半に活躍したヴォーバンによって建設された要塞は、フランス各地にありますが、オランダ侵略戦争の後に築城されたものが多いのです。それらは世界遺産に登録されていますが、そのひとつ、ブザンソンの要塞には、煉瓦も用いられています。

その積み方は長手の段と小口の段で構成された17世紀らしい積み方ですが、長手の段の目地のずれ方が不規則であり、これまた「オランダ積み」と「イギリス積み」の混合形式となっています。

このような「オランダ積み」の流れをくむ煉瓦造が存在することには、オランダ侵略戦争との関連があるのかもしれません。

ブザンソンの要塞

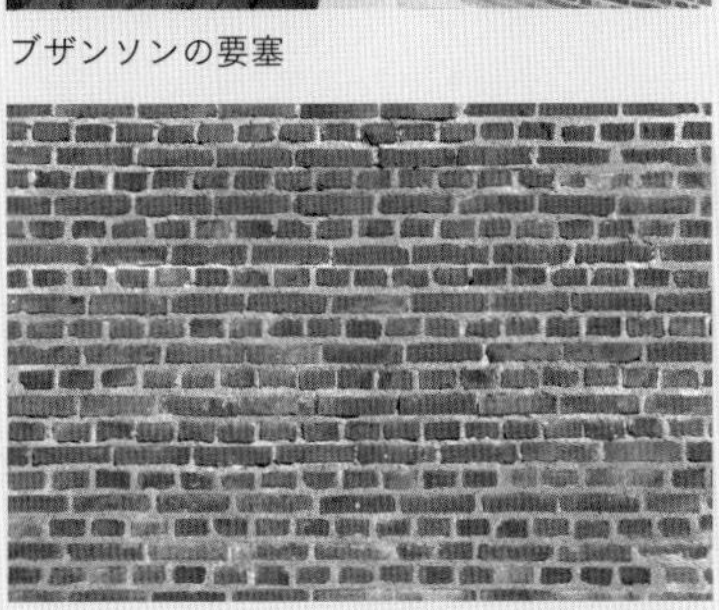

「オランダ積み」と「イギリス積み」の混合形式

木材の根太による床

「オランダ積み」の外壁

ファミリステール

ガラス屋根の架けられた中庭

ギースのファミリステール（集合住宅）

さて、もう少し下った時代のフランスの煉瓦造を見てみましょう。

フランスの北部、ベルギーに近いところにギースという街があります。ここに建つファミリステールと呼ばれる施設は、ゴダンという鋳物会社の工場主が、社員とともに生活する理想郷を目指して一八五九年に建設した集合住宅です。一八六〇年ごろの建設ですので、集合住宅としても歴史的価値の高いものです。ガラス屋根が架けられた中庭では、社員たちによるさまざまな催しが行われたそうです。

一九世紀の煉瓦造建築ですので、床はコンクリートスラブではなく、当時の住宅が皆そうであったように、木材の根太で構成されています。

フランスにしては、煉瓦の外壁であることが、高級な建築ではなく労働者住宅らしいともいえるでしょう。基本的には「オランダ積み」で造られています。

ところが、右のふたつの写真の右側の部分は「オランダ積み」なのですが、左側は「フレミッシュ積み」となっています。フランスの煉瓦パターンに「フレミッシュ積み」が多いのは、イタリアなどと同じく、主として意匠的な理由と考えられますが、この建築では、躯体構法の選択として「フレミッシュ積み」が採用されています。「フレミッシュ積み」と「オランダ積み」が違和感なく並んでいるのは、たいへん興味深い事例です。

「フレミッシュ積み」と「オランダ積み」が違和感なく並んでいます

「フレミッシュ積み」が構法として採用されているのは、ベルギー・フランダース地方に近いということがあるのかもしれません

目地の色を変える

少し遅れて一八七九年に建設された東館は、ガラス屋根が木造ではなく鉄骨による架構になっています。建設技術の変化を見て取ることができる事例です。

社員のための食堂も当時のままに復元されており、当初のガス灯を模した照明が雰囲気を高めています。これらは別棟の煉瓦造建物ですが、明快な「オランダ積み」となっています。イギリス風に「ようかん」を用いた納まりであることも興味深い事例です。

ファミリステール東館

社員食堂。ガス灯が使われていました

楽しさも表現したかったのか、「オランダ積み」の目地の色を変化させ、パターンを浮き出させた棟もあります。そのようなところは、フランス的であるのかもしれません。

ファミリステールは、日本ではあまり知られていない建築ですが、煉瓦造に興味があれば、ぜひとも訪れるとよいでしょう。一九世紀半ばの集合住宅としても必見です。

「ようかん」を用いた「オランダ積み」

目地の色を変化させ、パターンを浮き出させた棟

部分的に不規則に「ようかん」が挿入されているなど、気ままに積んだと思われる部分もあります。この左側は、「七五」を用いたオランダ風の納まりとの混合になっています

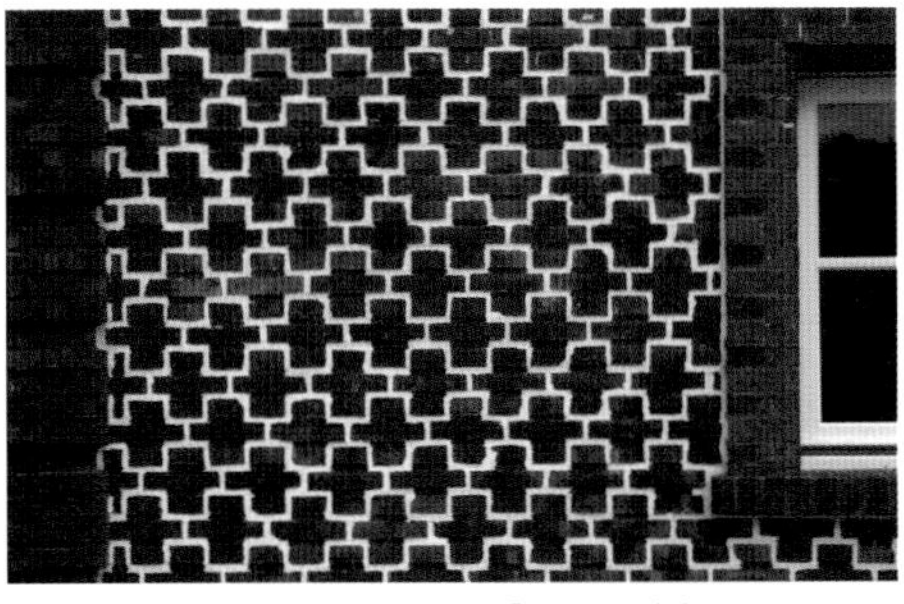

目地の色を変えて装飾的にした「オランダ積み」

ファミリステール

歴史に翻弄された街コルマール

一九世紀の煉瓦造をもうひとつ見てみましょう。これはフランス東部、アルザスの魅力的な街、コルマールに建つ給水塔です。一八八四年の建設で、石材と煉瓦が組み合わされています。

円形平面なので一般的な積み方ではありませんが、上部は、この時期のフランスの特徴と言ってもよい装飾的な「フレミッシュ積み」です。それに対して、下部は石造の間が小口積みでまとめられています。これは円形平面だからでしょう。

アルザスは、ドイツとフランスの間で領有権が行き来した歴史を持ちます。コルマールは、もとは神聖ローマ帝国の自由都市であり、その後一七世紀後半からフランス圏となりましたが、一八七一年にドイツ帝国に割譲されています。ハーフティンバーの美しいこの街は、歴史に翻弄された街でもあるようです。それが煉瓦造にも表れているかもしれません。

たとえば、二〇世紀に入って建て替えられたコルマール駅も、ドイツによって建設されたものです。石材と煉瓦を組み合わせた建築で、一九〇七年の建設です。煉瓦の部分は「小口積み」となっています。東京駅丸の内駅舎の数年前の建設ですが、石材と小口積み煉瓦の組み合わせは、鉄道駅に多く見られるようです。「小口積み」のことを「ドイツ積み」と呼ぶこともありますが、そのように呼ばれるようになった経緯も知りたいものです。

コルマールに建つ給水塔

上部は「フレミッシュ積み」

石材と煉瓦の組み合わせ

ハーフティンバーの美しい街コルマール

コルマールの邸宅

コルマール駅

コルマール駅。煉瓦部は「小口積み」

パリの煉瓦造

次にパリの煉瓦造を見てみましょう。

パリの中心部にあるベルシー公園は、パリの喧騒から逃れて、気持ちのよい散策ができる場所です。それほど古いとは思えない煉瓦造の建物が建っていますが、明快な「フレミッシュ積み」です。このような事例をパリの真ん中で見ると、フランス積みと呼びたくなるかもしれません。

パリの街を構成する建築は石材によるファサードのものが主体ですが、煉瓦を顕しにした建築も散見されます。それらの多くは「フレミッシュ積み」です。

パリの郊外に建つ左下の住宅は、層状にパターンをつけた「フレミッシュ積み」のように見えます。ところが反対側の妻面は「イギリス積み」です。「イギリス積み」で構造軀体として造られたものを、化粧的に「フレミッシュ積み」にしているのではないでしょうか。

ところどころにイレギュラーな部分がある「フレミッシュ積み」

古い部分を見ると、かなり不規則な部分も見てとれます

ベルシー公園の煉瓦造。左側は新しい部分

パリの郊外に建つ住宅

パリの街を構成する煉瓦を顕しにした建築

妻面は「イギリス積み」

「フレミッシュ積み」の外観

サンジャン・モンマルトル教会

足元周りの長手積みの煉瓦

鉄筋コンクリートの柱梁の内部

RC造のサンジャン・モンマルトル教会

一九世紀末から二〇世紀初頭にかけて、組積造に代わる新たな構造として鉄骨造や鉄筋コンクリート造が出現します。それらの建築でも、煉瓦は主要な外壁の材料でした。そして当然のように、「……積み」といった煉瓦の組積システムから外れた表現が出現するようになります。

鉄骨造の場合は、外壁の材料として煉瓦を用いることは必然であったのかもしれません。しかし、鉄筋コンクリート（RC）造においても、ごく初期のものには外壁に煉瓦が採用されています。その代表例はサンジャン・モンマルトル教会でしょう。

この教会は、当時としては画期的な建築ですが、外観からするとあたかも煉瓦造のように見えます。ところが、中に入ると、組積造とはまったく異なる世界が現れます。鉄筋コンクリートの柱や梁で構築された空間です。

外壁の煉瓦は、長手積みの単純な煉瓦パターンですが、隅角部は煉瓦を丸い形状に細工しています。ゴシック建築の柱の表現などに近いのかもしれません。建築デザインとしての意気込みが感じられます。まさに、時代の変わり目の建築と言ってよいでしょう。それでも、赤煉瓦が使われているのです。

鉄骨架構と煉瓦
ムニエのチョコレート工場とプールの建築

鉄筋コンクリート造より歴史の古い、鉄骨造の煉瓦外壁としては、一八七二年に建設された、ムニエによるチョコレート工場が有名です。パリ郊外のスール・マルヌを流れるマルヌ川の中州に建てられ、川の流れを、水車を利用して動力としたこの工場は、鉄骨造の初期の事例のひとつです。

鉄骨造の構造の軽さも選択理由であったかもしれませんが、鉄骨の間にはめ込まれた外壁は、煉瓦によるものです。もちろん、上部を支えるという組積造の機能から解き放たれたため、煉瓦を用いながら、意匠を重視したパターンで構成されています。

二〇世紀に入ると、こうした鉄骨造も一般的になり、さまざまな建築が出現しますが、外壁の材料として煉瓦が使われ続けた建築も少なくありません。

パリのヴェルビュに建つリゴル体育館（Le gymnase des Rigoles）は、市場として建設されたものを市営プールなどに転用されたもので、鉄骨架構と煉瓦の対比が美しい建築です。当然のように、このころのものは「フレミッシュ積み」のパターンです。

ムニエによるチョコレート工場

市営プール（Le gymnase des Rigoles）

鉄骨の間の「フレミッシュ積み」の外壁

ブロア城

フランスを旅するのであれば、ロワール地方のお城巡りも欠かせません。シュノンソー、シャンボール、アンボワーズなど、見事な石造です。煉瓦を見るためには、少しマイナーなブロワ城に行ってみましょう。ルイ一二世の館が、城への入り口ですが、一六世紀の初めの建設と言われています。

石造の壁の一部が煉瓦で覆われています。「イギリス積み」のようでもありますが、濃い色の小口煉瓦の配列で、フランスの煉瓦らしいパターンを浮き出たせています。これは、近世の修復の結果でしょう。一九世紀の半ばに、廃墟のような状態から修復されたといいますから、そのころの仕事なのではないでしょうか。

騎士の像を戴く門を通って中庭に出て、振り返ってみましょう。こちら側も石材の中に煉瓦が納められています。正面の窓の間の壁は、規則正しい「フレミッシュ積み」で、右側は斜め格子が浮き出たパターン積みのようです。

それに対して塔状の階段室の煉瓦は、「イギリス積み」を基本に、長手をクロスさせたり、ところどころに「ようかん」が見えたりと不規則です。たぶん、このような積み方がオリジナルに近いのでしょう。

この中庭に張り出した、フランソワ一世の螺旋階段が、ブロワ城の見どころです。煉瓦は、煙突の一部にちょっとだけ見えます。

石造の壁の一部が煉瓦で覆われています

ブロワ城入り口外観

中庭から入り口の建物を見る

塔状の階段室の煉瓦

フランソワ１世の螺旋階段

ブールジュの大聖堂とアルルの古代遺跡

ロワールまで足を延ばしたのであれば、ブールジュの大聖堂を見に行くことをお勧めします。

このゴシックの教会は、平面の形が十字になっていないので、フライングバットレスの連続がとても美しく見えるのです。建築用語で言うと、トランセプト（袖廊・翼廊）が欠如しているということになるのですが、いかがでしょうか。

このブールジュには、デュ・ベリー博物館と呼ばれる建物があります。小口煉瓦で斜め格子のパターンを表現したフランスらしい建築ですが、煉瓦造とは言えないかもしれません。一六世紀初頭に建てられた邸宅を博物館としたもののようですが、煉瓦部分は後世の修復でしょう。

デュ・ベリー博物館

さらに南下して、南仏のアルルまで足を延ばしましょう。歴史の長い街、アルルには、ローマ時代の遺跡があります。古代ローマの建築技術は、煉瓦を用いて巨大な建造物を造るなど、素晴らしいものですから、その技術が伝わっているのは当然でしょう。

石と煉瓦を繰り返し層状に積んだ壁は美しい景観を創り出していますが、この部分は少し下った時代のものではないでしょうか。それに対し、基礎部分は、ローマ時代の煉瓦積みのようです。

このローマ時代の煉瓦の積み方については、ローマに旅して見てみることにしましょう。

斜め格子のパターンの小口煉瓦

ブールジュの大聖堂

アルル、ローマ時代の遺跡

石と煉瓦を繰り返し層状に積んだ壁

石造の国の煉瓦、フランス・スペイン

バルセロナにてポンペウ・ファブラ大学の図書館

ピレネーを超えて、スペインに来ました。まずはバルセロナの建築を見てみましょう。バルセロナと言えばガウディですが、もちろん石造です。最近はコンクリートを多用して急ピッチで建設が進められていますが、煉瓦は使われていません。煉瓦を顕しにした建築を見ることは、スペインでは稀です。

そのような中で、バルセロナには、煉瓦で造られた巨大な建築があります。ポンペウ・ファブラ大学の図書館です。もともとは図書館として造られたものではなく、巨大な貯水庫の施設として建設されたものを、一九九〇年ごろに図書館にコンバージョンしたものです。つまり、いわゆるアーキテクチャー（建築）とは呼べないような施設であったからこそ、煉瓦で造られていたのでしょう。それが、今となっては、素材感溢れる建築として蘇っているのです。

一般的な煉瓦造の壁体に比べると、極端に厚く、土木構造物に近いのかもしれません。したがって、その積み方も、「イギリス積み」などとは異なるでしょう。

積み方を見ると、「長手積み」のようですが、間に「小口積み」が三段入っています。やはり、一般的な建築とは、かなり異なるようです。しかし、内部空間の素晴らしさは、煉瓦の持つ素材感と量塊・マッスとしての力強さの賜物でしょう。

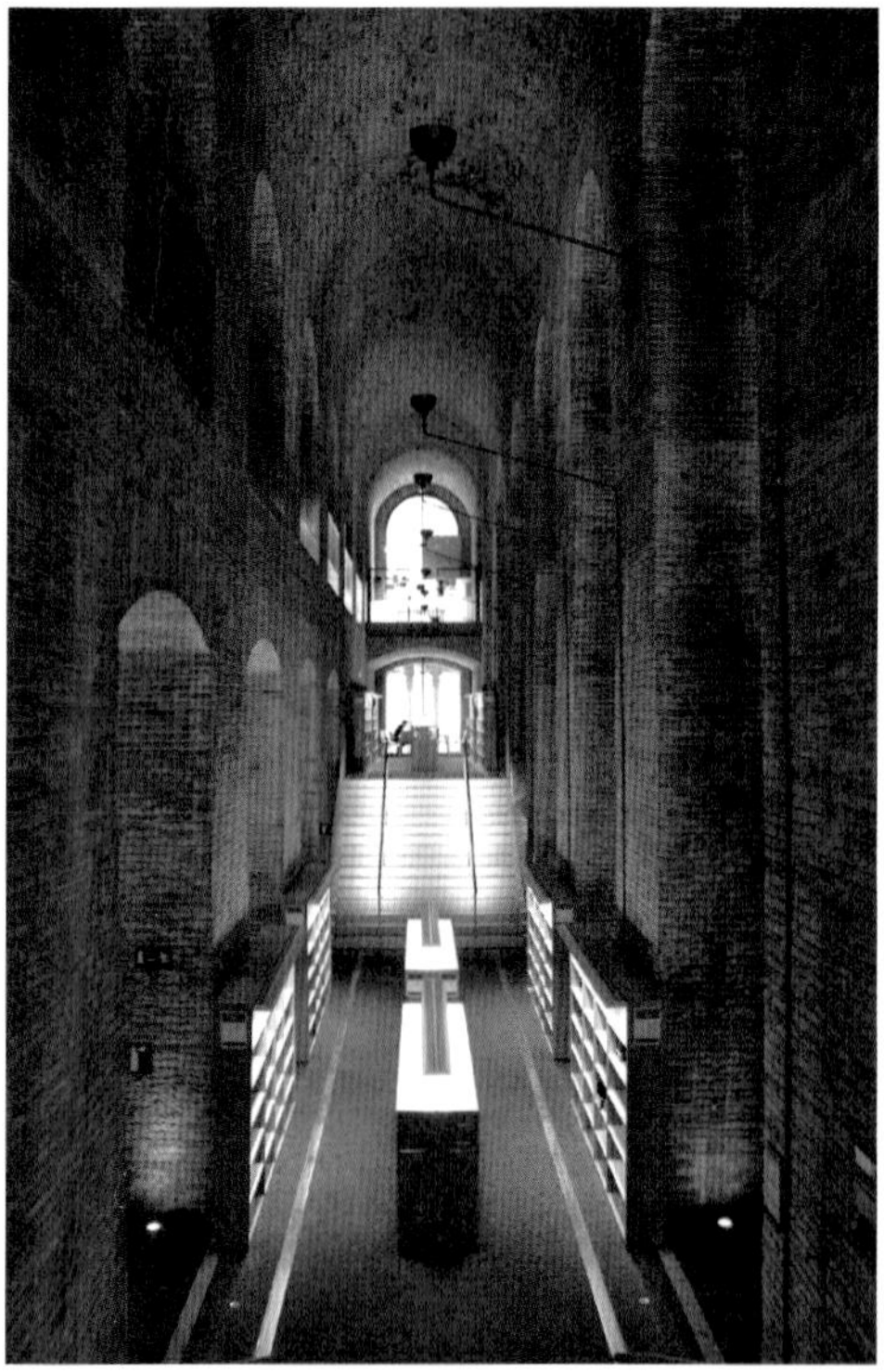
これが貯水庫だったとは、信じられないでしょう

サグラダ・ファミリア教会

長手積みの間に小口積みが数段入っています

外観は普通の建築に見えなくもありません

ポンペウ・ファブラ大学の図書館

トーレデレアオグエスの庭園に建つ給水塔

これは、同じくバルセロナ市内のトーレデレアオグエスの庭園に建つ給水塔です。一八七〇年ごろの建設です。上部は円筒形ですから、フランスのコルマールで見たものと似ています。コルマールのものよりも、少し古い建造物です。下部は多角形のようになっているので、煉瓦の積み方を見ることができます。

古い煉瓦の部分は「イギリス積み」のように見えます。端部も「ようかん」を用いた、イギリス風の納まりです。しかし、新しく見える煉瓦の部分は、「長手積み」のようで、長さもバラバラです。

トーレデレアオグエスの庭園に建つ給水塔

古い煉瓦と新しく見える煉瓦

多角形の下部

バルセロナの中庭を持つ街区

この塔の建つ場所は、1987年に公園として整備されました

カサ・バトリョ

グエル邸

しかし、バルセロナはなんといってもガウディでしょう。カサ・ミラやカサ・バトリョなどが有名ですが、グエル邸も見逃せません。

グエル邸

内部

内部

グエル邸は、表通りからは煉瓦は見えませんが中に入ると煉瓦の壁の部分があります。マッシブな煉瓦の塊で、貯水庫と共通する雰囲気があります。

さらに面白いのは、地下室の空間です。その後の、初期の鉄筋コンクリート造に見られるマッシュルーム構造のようなものが、煉瓦で構築されています。力の流れ方を建築の設計に活かした、ガウディらしい空間なのかもしれません。

その積み方を見ると、「イギリス積み」のような部分も見られますが、かなり自由に積まれています。中庭に面した部分などは、「長手積み」が現れており、北ヨーロッパの煉瓦造とは考え方が異なると言ってよいでしょう。

地下室の空間

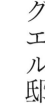

カタルーニャ音楽堂

カタルーニャ音楽堂も見どころたっぷりの建築です。二〇世紀初頭に建設され、装飾に満ち溢れた建築ですが、大きな壁面は煉瓦で構成されています。もっとも、一九八〇年代に大規模な改修がなされているので、当初の煉瓦が現れているかは定かではありません。

アール・ヌーボーの特徴的なガラス天井がとても魅力的な建築で、世界文化遺産に登録されています。

それに対して煉瓦は、あたかも仕上げタイルのように用いられています。大きな壁面は「フレミッシュ積み」で、曲面の部分は「小口積み」となっています。また、内部の八角形の柱も長手が現れていますが、煉瓦を積んでいるという感じはしません。

カタルーニャ音楽堂の外観

カタルーニャ音楽堂の内部

外部

仕上げタイルのような煉瓦積み

天井に煉瓦を使う

スペインの隣国、ポルトガルの煉瓦を見てみましょう。スペインと同じく、ポルトガルでも煉瓦がむき出しの建築はほとんど見ることができません。大理石や御影石を多量に算出する国ですから、立派な建築は石造です。ただ、屋根をどう構築するかとなると石材だけでは難しいのでしょう。

クラト(Crato)に建つ右上の写真の古いお城も、中に入ると天井に煉瓦が使われています。建設当初のものではないかもしれませんが、薄いヴォールトやアーチを造るのに、煉瓦は適した材料なのでしょう。ポルトガルには、このような古い建築を活用したホテルが、ポウサーダと呼ばれて各地にあります。

リスボンの中心部に、カルモ修道院と呼ばれる廃墟の教会があります。この教会は、一七五五年にリスボンを襲った大きな地震によって破壊されたのですが、現在は一部が修復されています。この天井にも、煉瓦が使われています。これも修復によるものかもしれませんが、ゴシックの架構をより印象的に感じることのできる場所として残されています。

石造のジェロニモス修道院

クラトに建つ古城

古城の天井

カルモ修道院と呼ばれる廃墟の教会

カルモ修道院の天井

リスボンのカンポ・ペケーノ闘牛場

カンポ・ペケーノ闘牛場

ポルトガルにも煉瓦がむき出しの建築がないわけではありません。リスボンのカンポ・ペケーノ闘牛場は、煉瓦の外壁がむき出しの建築です。もっとも、一八九二年の建設ですから、それほど古いものではありません。二〇〇六年には大改修が行われていますので、この写真は建設当時の姿を表してはいないでしょう。

「イギリス積み」風ではありますが、煉瓦の大きさが不揃いで、いかにもラテン文化の建築です。オランダの煉瓦積みの律義さとはかなり異なります。古代ローマに近いのかもしれません。

それでは、リスボンに別れを告げ、ヨーロッパの旅の最後に、イタリアに向かいましょう。

気ままな積み方

不揃いの大きさの煉瓦

躯体の仕上げ材――ブルーのタイル、アズレージョ

ところで、ポルトガルの建築材料には、アズレージョと呼ばれる、手の込んだ模様が施されたブルーのタイルがあります。

このブルータイルは、教会の内壁や、駅舎、アパートの外壁などにも使われています。躯体の仕上げとして貼り付けられているのであり、構造体である煉瓦をそのまま見せる建築とは明らかに異なる文化です。

港町アヴェイロ（Aveiro）の駅舎。
アヴェイロのシンボルにもなっています

オビドス（Obidos）の街にある教会

アパートの外壁のアズレージョ

イタリア、北から南へ

サン・ジョルジョ・マッジョーレ聖堂

サン・マルコ広場に建つ鐘楼

サン・マルコ寺院と鐘楼

水の都と煉瓦

イタリアの旅は、北のヴェネツィアから始めましょう。

サン・マルコ広場の対岸には、一六世紀の偉大な建築家パッラーディオが設計したサン・ジョルジョ・マッジョーレ聖堂（Chiesa di San Giorgio Maggiore）が建っています。ヴェネツィアの魅力は、このような建築と、迷路のような水路や路地が共存していることではないでしょうか。そして、後者には朽ちた煉瓦の壁が似合っています。

サン・マルコ寺院は、一一世紀の建設と言われ、ビザンティン様式であり、煉瓦が表出する建築とは最も対極的と言えるでしょう。一方、広場に建つ鐘楼（Campanile）は一六世紀の建設であり、胴部は煉瓦がむき出しになっています。現在のものは二〇世紀に入って再建されたものですが、フレミッシュパターンとなっています。実は、イタリアにはフレミッシュパターンが多いのです。

サン・マルコ寺院と鐘楼

漆喰や側面に見え隠れする煉瓦

カナル・グランデに面する建築は立派なものが多く、右上の写真のカ・ドーロ美術館のように、一五世紀に貴族の邸宅として建てられたものは、ファサードに煉瓦は現れませんが、側面を見ると煉瓦です。設計したのは、左上の写真のドゥカーレ宮殿を手掛けた建築家なので、共通する要素を見ることができます。ドゥカーレ宮殿も、上部は装飾的な煉瓦です。

対岸には有名な魚市場があります。その建物の出隅部分は石材ですが、壁の煉瓦はフレミッシュパターンです。

網の目のような細い運河の両脇の建築は、煉瓦造の軀体に左官仕上げがされていますが、かなりの部分がはげ落ちて、煉瓦が見えています。足場を立てるのも大変でしょうから、剥がれっぱなしなのかもしれませんが、たぶん、このままの方が雰囲気があるとされているのではないでしょうか。

左下の写真は足場が立てられるので塗り直されているのでしょうか。しかし、明らかに、この煉瓦が見えている方が現在のヴェネツィアらしい雰囲気なのでしょう。

運河でない細い路地でも、左官仕上げを塗り直しやすい部分の煉瓦が、むき出しのままにされています。

ドゥカーレ宮殿

カ・ドーロ美術館

フレミッシュパターンの魚市場の壁

足場の立てられる運河

運河沿いの煉瓦

サンタ・マリア・グロリオーザ・デイ・フラーリ聖堂

サンタ・マリア・グロリオーザ・デイ・フラーリ聖堂の足元。フレミッシュパターンがはっきりわかります

アカデミア美術館

ヴェネツィア中心部

ヴェネツィアの中心部にあるサンタ・マリア・グロリオーザ・デイ・フラーリ聖堂に行ってみましょう。一四世紀の建設と言われる煉瓦がむき出しの教会です。

はっきりと目地が見える部分はフレミッシュパターンですが、少し崩れかかった部分では、かなりランダムな目地となっています。また、右上の写真の左側の最下段では、「ようかん」と長手の繰り返しのフレミッシュパターンとなっています。

イタリアでいつごろからフレミッシュパターンが一般的になったのか、イタリアの研究者に聞けばわかるのでしょうか。

アカデミア美術館は、ヴェネツィアとしては新しい建築で、いくつかの時代の建築が複合されています。北欧風のパターンのような煉瓦の積み方がされた部分もありますが、より古そうな部分の煉瓦は厚さを含めて、かなりランダムです。

アカデミア美術館。北欧風パターン

古い部分はかなりランダム

ヴィツェンツァとパッラーディオ

ヴェネツィアから西に六〇キロメートルほど行くと、ヴィツェンツァという街があります。ここにはルネッサンスの建築家アンドレーア・パッラーディオの設計した建築がたくさんあり、建築家の旅の聖地となっています。上の写真は、ヴィラ・アルメリコという邸宅ですが、ラ・ロトンダと呼ばれています。

パッラーディオの設計手法は、ここで述べるには奥が深すぎますが、素材よりもプロポーションや空間形態、そして対称性などを重視したと言ってよいでしょう。ですので、煉瓦がむき出しになった建築はパッラーディオ風ではありません。

街の中心のシニョーリ広場に面するバシリカ・パッラディアーナは、パッラーディオらしさが溢れている改築作品です。左の塔は煉瓦の仕上げですが、この大ホールを持つ建築には、煉瓦は現れてはいません。

もっとも、この象徴的な列柱の内側を見ると、交叉ヴォールト状の天井は煉瓦で構成されています。また、奥の壁の一部は、現状では煉瓦がむき出しになった部分があります。一六、一七世紀ごろの建築としては一般的な屋外床の構築方法だったのでしょう。内部も同様な天井です。

バシリカ・パッラディアーナの脇の塔を見ると、古い煉瓦がフレミッシュパターンで改修されていることがよくわかります。

ラ・ロトンダ

バシリカ・パッラディアーナ

バシリカ・パッラーディアーナの内部

バシリカ・パッラディアーナ。交叉ヴォールト状の天井

脇の塔の煉瓦。古い煉瓦がフレミッシュパターンで改修されています

パッラーディオの遺作

パッラーディオの遺作ともいえる、テアトロ・オリンピコも見どころ満載の建築です。

入り口には、煉瓦の壁で囲まれた外部空間があります。城壁の部分は、石材と煉瓦が混じった、時代の重なりを感じさせる表情をしています。

テアトロ・オリンピコに連なる建築の煉瓦積みには、様々なパターンが見られますが、修復されたと思われる部分は、フレミッシュパターンです。

ロトンダのベースの部分も、天井は煉瓦です。しかし、意図的にデザインされたパターンとなっています。パッラーディオの建築については、かなり研究されているはずですから、この煉瓦がオリジナルかどうかもわかっているのでしょう。

ほかにも、街中の建物の地下部分などでは煉瓦を見ることができますが、ヴィツェンツァは煉瓦の街ではありません。

テアトロ・オリンピコの前庭

テアトロ・オリンピコ

テアトロ・オリンピコ。前庭の壁

ロトンダの下部

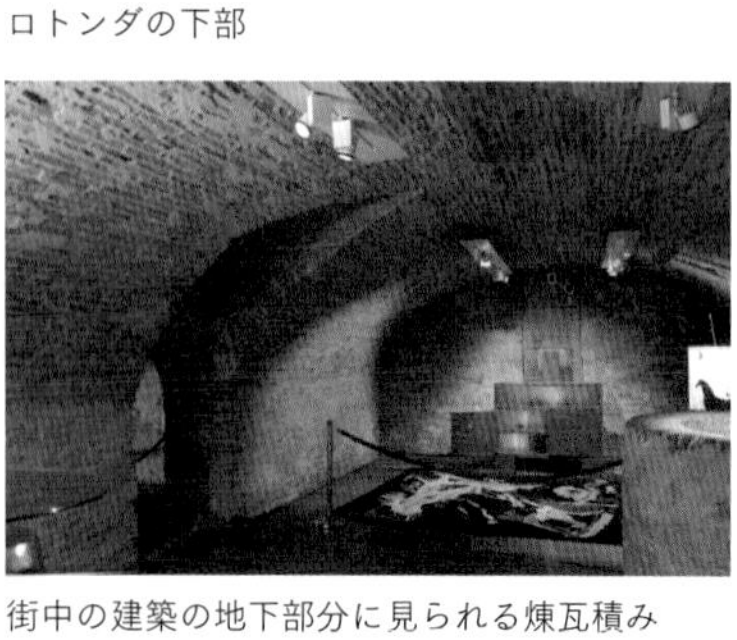
街中の建築の地下部分に見られる煉瓦積み

ラ・ロトンダ

ヴェローナとカステル・ベッキオ

ヴィツェンツァからさらに西に五〇キロメートルほど行くとヴェローナの街に来ます。ヴェローナはローマ時代の巨大な石造りのアレーナが有名ですが、煉瓦は部分的にしか使われていません。煉瓦を見るのであれば、美術館になっているカステル・ベッキオに行ってみましょう。

荒廃していた古城を建築家カルロ・スカルパが一九六〇年代に手掛けたリノベーション建築です。展示物の配置と建築の設計が、迷路のように巧妙に仕組まれた類例の少ない空間で、煉瓦を素材として活かした一部の空間を除き、煉瓦は隠されています。

煉瓦の積み方を見ると、今までイタリアで見てきた、中世から近世に移り変わる時代に見られるパターンのようですが、「イギリス積み」的なところと「フレミッシュ積み」的なところがあります。

ヴェローナのアレーナ

美術館となっているカステル・ベッキオ

カステル・ベッキオ

カステル・ベッキオの煉瓦

カステル・ベッキオに向かう橋。石材の上に煉瓦が載っているが第二次世界大戦時に爆撃で破壊され、1951年に再建されたものとされます

煉瓦を素材とした空間。階段のディテールと見事に調和しています

ジュリエットの家

13～14世紀ごろのヴェローナは煉瓦の街でした。

ヴェローナの観光対象のひとつが、ジュリエットの家です。シェイクスピアの戯曲ですから、この建築のバルコニーの下からロミオが見上げていたわけではないでしょうが、誰もが訪れる場所になっています。そこのバルコニーですが、煉瓦造であれば、このようなバルコニーを造ることは至難の業です。20世紀の鉄筋コンクリートの出現が、大きなバルコニーを世界に広めたのであって、19世紀後半にできたパリのアパルトマンには、出の小さなバルコニーしかありません。

このバルコニーは、実は子供用の古い石棺なのです。観光対象にすべく、1940年代に取り付けられたものだそうです。煉瓦造にはこのようなバルコニーは不釣り合いなのです。でも、観光政策としては成功しています。

下の2枚の写真は、1994年に撮影したものです。このときに、このバルコニーは構法上おかしいと感じたのですが、石棺だったと知ったのは、2010年代に入ってからでした。

左官仕上げをするのが本来の煉瓦造の住宅ですが、部分的に剥がれたこの状態が、観光対象としては歴史的な建造物であるという雰囲気を出していてよいのでしょう。現代における煉瓦の魔力かもしれません。

上の写真と下2枚の写真の間には、25年の時が流れているのですが、どちらを古いと感じられるでしょうか。

2019年撮影

1994年撮影。ジュリエットの家のバルコニー

このバルコニーの写真を撮られた方にとっては、夢を壊すことになってしまい、申し訳ありません

塔と大学の街 ボローニャ

ヴェローナから南に一〇〇キロメートルほど行くと、ボローニャです。ボローニャはとても歴史の古い都市のようで、ヨーロッパで最も古い大学が設立され発展したのは一一世紀です。そして、煉瓦造が多く見られる街でもあります。また、

マッジョーレ広場

一三世紀には、たくさんの塔が建てられています。一六世紀にはマッジョーレ広場など、中心部の広場が整備されていますから、煉瓦造の建物はそのころのものでしょうか。

アックルシオ宮殿も煉瓦の美しい建築です。その煉瓦積みはフレミッシュ的ではありますが、かなり不規則です。もっとも、場所によっては、明らかなフレミッシュパターンのところもあります。ある時代の修復の結果でしょうか。

アックルシオ宮殿

フレミッシュ的だが不規則な煉瓦

アックルシオ宮殿

アックルシオ宮殿の不規則な煉瓦積み

明らかなフレミッシュパターンのところもあります

アシネッリの塔とガリセンダの塔

オリジナルと補修部分の部位は不明ですが、煉瓦積みのパターンは確認できます

アシネッリの塔

ガリセンダの塔

傾いた塔

ボローニャで目を引くのは、この傾いた塔でしょう。高い方のアシネッリの塔は一一一九年ごろの建設といいます。当時、財力があるものが競って高い塔を建てていたようです。右中段の写真の左上の部分などは、整然とした長手積みになっていますが、ほとんどはランダムな配列です。ただ、長手の長さはほぼ一定のようですし、小口はその半分で、「ようかん」らしきものもあります。煉瓦の大きさについてだけ言えば、近世の煉瓦に近いと言えます。それが、この極めて高い、当時としては高度な技術が要求されたであろう構築物を造り上げるための建築技術だったと考えるのは無理があるでしょうか。

低い方のガリセンダの塔は、乱尺の長手積みの部分が多いようですが、小口が連続している部分もあります。

アシネッリの塔は内部から上に上がれるのですが、内部の写真を見ると、煉瓦のパターンは、小口が連続する層があったり、長手が連続していたりと、これと同じようです。このふたつの煉瓦壁は内側の方が厚く、ふたつの壁の間には石とモルタルが詰められているといいますから、古代ローマの構法と類似しています。

バシリカ

ボローニャには、サン・フランチェスコ聖堂というバシリカがあります。一三世紀の建設とされていますが、煉瓦で構築されています。正面の外観は単純ですが、アプス側にはフライングバットレスがあり、イタリアにおけるフレンチゴシックの例とされています。

正面側のバットレスを見ると近世の煉瓦のプロポーションのようですが、配列はランダムです。

サン・フランチェスコ聖堂

正面側のバットレス

サン・フランチェスコのバットレス

花の都フィレンツェ

建材が街を造る
メディチ家とフィレンツェ

さらに南下すると、花の都フィレンツェです。フィレンツェには、煉瓦がむき出しの建築はあまりありません。メディチ家の財力は煉瓦をカバーするに十分だったのでしょうか。

比較的近いカッラーラで産出される白い大理石で覆われたファサードは、財力とともに、どのような建築材料が入手しやすいかということも、建築表現を決める要素であることを示しています。

サンタ・マリア・ノウェッラ

煉瓦の故郷、ローマ

フォロ・ロマーノ

マクセンティウスのバシリカ

フォロ・ロマーノ 型枠としての煉瓦

ヨーロッパ各国を旅して、ローマにたどり着きました。二〇〇〇年前に煉瓦で覆われた巨大な建造物を造っていたローマを訪れないわけにはいきません。まず、ローマの中心地、フォロ・ロマーノに行ってみましょう。

マクセンティウスのバシリカは、紀元三一二年ごろの建設とされる構造物です。古代ローマ時代としては後期のもので、現在残っているのは北側の側廊部ですが、八〇メートルを三スパンで構成する巨大さは、一七〇〇年も前のものだと知ると驚かざるを得ません。

表面は煉瓦で覆われていますが、この時代の建造物は、破壊と修復を繰り返していますから、当初の姿がどのようであったかはわかりません。白色であったという説もあるようです。

フォロ・ロマーノの別の遺跡の壁を見ると、乱尺の煉瓦が両側に積まれ、中にコンクリートが充填されていることがわかります。つまり、ローマ時代の壁は、煉瓦を型枠として積んだコンクリートの壁なのです。したがって、オランダなどの近世の煉瓦の壁とは異なり、壁の内部の煉瓦と表面の煉瓦を繋ぐ必要がないので、長手積みなのです。また、長さがバラバラな乱尺の煉瓦でよかったのです。

それにしても、バシリカの壁は厚いですね。破壊されたこの断面は、型枠であることをよく表しています。煉瓦の積み方としては、単純だと言えるでしょう。

煉瓦のパターンを見ると、乱尺の煉瓦を使い、長手の面を現したものであることがわかります

型枠であることがよくわかる厚い壁

フレミッシュ積みの呼び方は再考が必要

ローマは城壁で囲まれた都市であったそうで、その一部がポポロ広場の近くに残っています。新しそうな部分はフレミッシュのパターンですが、古そうなところは乱尺の長手積みです。さらに古そうなところになると、煉瓦のサイズも不均一です。もっとも、乱尺で補修したと思われる部分もあります。このあたりは、イタリアの修復専門家に聞いてみたいところです。

やはり、このパターンを「フレミッシュ積み」と呼ぶのは適切ではなさそうですね。「フランス積み」と呼ぶのはなおさら問題です。

ポポロ広場の近くの城壁

乱尺で補修したと思われる部分

改修されたと思われる部分

車道の脇の部分は大々的な修復が必要だったのでしょう

古そうなところは煉瓦のサイズも不均一

修復と考えられるフレミッシュのパターン

煉瓦の故郷、ローマ

コロッセオ

ローマと言えば、フォロ・ロマーノの東のコロッセオでしょう。かなり崩壊が進み、修復も重ねられていますから、オリジナルがどのような構造であったのかを現状から想像するのは困難です。それでも、広い内部を歩いてみると、さまざまな煉瓦の使い方を見ることができます。

煉瓦積みのパターンが「フレミッシュ積み」となっている部分は修復した箇所で、古代の煉瓦積みとは明らかに異なります。「フレミッシュ積み」は「イタリア積み」と言ってもよいのではと思うほど、近代のイタリアでは主流となっています。

しかし、コロッセオを楽しむのに、煉瓦のパターンに目を奪われていてはいけませんね。

石材の部分と煉瓦の部分

「フレミッシュ積み」での新しい修復

コロッセオの全景

崩壊が進み修復が重ねられています

コロッセオの内部

座席の下の空間は、煉瓦型枠のコンクリート。乱尺長手積みで、フレッシュのパターンではありません

内部の修復箇所。薄い煉瓦の「フレミッシュ積み」のパターン。側面に回ると、端部に「ようかん」が挟まれています

コロッセオの中でも古代の壁の構成を確認することができます

「フレミッシュ積み」のパターンの小口に相当する部分を極めて短い煉瓦で構成しており、全体として薄い煉瓦

長い年月が重ねられてきた壁の風格を感じさせます

長手積みの箇所。修復の時代によって積み方を変えているのでしょう

煉瓦の故郷、ローマ

パンテオン

ローマで、いや世界でもっとも感動する建築の内部空間はパンテオンではないでしょうか。この空間が紀元一二〇年ごろ、つまり一九〇〇年前に造られ、それが現存していることは驚異です。

この建造物も、煉瓦とコンクリートで造られています。煉瓦の型枠でこのようなドーム状の構造物を造っている技術には目を見張ります。内部は修復されているのでしょうが、精緻な造りです。

パンテオン。内観

円形の列柱の奥には空間が用意されており、その奥に煉瓦壁を見ることができます。比較的新しい部分もありますが、乱尺の「長手積み」であり、古代ローマの形式です。新しく見える部分は定尺の長手積みになっており、明らかに後世の補修でしょう。

外部の壁を見ると、煉瓦は乱尺で、厚さも不揃いです。崩壊した周囲の壁は、その構造がはっきりとわかります。もっとも、ドーム本体の壁の最下部の厚さは六メートルあると言いますから、型枠煉瓦の造り方も異なるものなのかもしれません。

パンテオンは古代の建築空間がほぼそのまま残された、ローマの驚異的な建造物であることは間違いありません。その煉瓦を駆使した工法も特筆すべきでしょう。

パンテオンと入り口

列柱の奥の壁

明らかに後世の補修と思われる整然とした部分

乱尺の「長手積み」。古代ローマの形式と修復部分

崩壊した周囲の壁、厚さがよくわかります

外部の壁。乱尺で厚さも不揃い

崩壊した周囲の壁

ドーム外観

煉瓦の故郷、ローマ

カラカラ浴場

少し郊外のカラカラ浴場も、煉瓦がむき出しになった廃墟です。修復が営々と続けられていますが、右下の写真の壁面などは「フレミッシュ積み」で仕上げられています。明らかに古代の煉瓦とは異なりますが、修復の仕方として、それとわかるように、オリジナルと異なる形に仕上げるということなのでしょうか。

整然としすぎた
修復された壁

古い地下を見ることができる場所もありますが、これも修復の手が加わっているでしょう。

修復した部分の整然とした仕上がりは、なんとも不自然ですが、イタリアにおける「フレミッシュ積み」の位置づけをどのように考えるべきか、まだまだ奥は深そうです。

カラカラ浴場

古い地下。修復されています

「フレミッシュ積み」で修復されている壁面

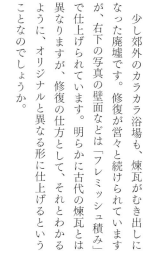

表面が煉瓦の建造物の修復はかなり課題が多そうです

有名な床のタイルは発掘、その周りの壁は修復

「フレミッシュ積み」のパターンでの修復

ここは整然とした「長手積み」で仕上げられてしまっています

フレミッシュパターンの整然とした修復

2013年に撮影した段階では、乱尺の「長手積み」で修復が進められています。「フレミッシュ積み」による修復の仕方を反省したのでしょうか

近年の修復では乱尺「長手積み」の場所もあります

煉瓦の故郷、ローマ

サンタンジェロ城

ローマ名所のひとつ、サンタンジェロ城は、ハドリアヌスが霊廟として紀元一三九年に建設したそうですが、中世には要塞として位置づけられていたそうです。ローマ教皇庁へと続く城壁と一体化され、要塞らしくパラペットが設けられています。

丸い霊廟の本体の周りに、四角い周回通路が設けられており、そこに付けられたパラペットは写真のように煉瓦で造られています。

東側のパラペットは、フレミッシュパターン風ですが、「ようかん」も用いて、かなり規則正しい、ユニークなパターンになっています。近世に修復されたものではないでしょうか。

一方、南側のパラペットはもう少し古いものが残っているようです。かなり長さが不均一な煉瓦で構成されています。ローマ時代のものではないでしょうが、東側より古いことは確かでしょう。

左下の写真の奥に見えるのはサンピエトロ大聖堂です。

サンタンジェロ城

上部の周回通路

南側のパラペット

東側のパラペット

南側のパラペット。奥に見えるのはサンピエトロ大聖堂

東側のパラペット

ピラミデ駅、サン・パオロの城門、トラヤヌスの市場

ローマのピラミデ駅には、古代ローマ人がつくったピラミッドがあり、その脇にサン・パオロの城門があります。三世紀ごろの建設のようですが、改修も加えられており、中央のアーチ状の門は後にトラバーチンに替えられたそうです。それに対し、両側の塔の部分の足元には、かなり原始的な煉瓦を見ることができます。

ローマの中心部、トラヤヌスの市場も、煉瓦と石材とローマンコンクリートでできています。かなり修復が進んでいますが、ローマはやはり、古くから煉瓦の都でした。

ピラミデ駅

サン・パオロの城門

塔の足元の煉瓦には石材のような大きさの塊も

トラヤヌスの市場

かなり修復が進んでいます

ローマ時代の集合住宅、アラコエリの遺跡

カンピドリオ広場の近くにあるアラコエリの遺跡は、ローマ時代の集合住宅の貴重な遺構です。ローマ時代に多層の共同住宅が建設されていたことを示しています。

修復された部分は、積み方がはっきりとしていますが、古い部分はかなり崩れています。どのような壁の構造だったのでしょうか。二〇世紀までは土に埋もれていたようです。

ローマ市内を歩いていると、下段の三つの写真のような住宅規模の建築を見ることができます。本来は煉瓦の軀体の表面が左官で仕上げられていたのでしょうが、剥がれ落ちていると、その煉瓦積みのパターンを見ることができます。新しく補修が加えられたところは、薄い煉瓦の長手積みになっています。

古そうに見える部分は、なんとも雑な組積造です。見えなくなる軀体の施工レベルは、洋の東西を問わず、このようなものなのでしょうか。

アラコエリの遺跡

古い部分と修復された部分

アラコエリの遺跡

ローマ時代の住宅

新しく補修が加えられたところは、薄い煉瓦の長手積みになっている

古い部分

古そうに見える部分は、雑な組積造

カピトリーニ美術館

ローマは、ルネッサンスで再び花開きます。ミケランジェロが設計したカンピドリオ広場に面するカピトリーニ美術館を訪ねてみましょう。

ネプチューンの彫像が置かれた建築は、石材の柱の間の壁が煉瓦で仕上げられています。目地のない薄い乱尺の「長手積み」です。このような表現は、ひとつの様式と言ってよいでしょう。

地下の通路の展示スペースは、新しく規則正しいフレミッシュのパターンで仕上げられています。しかし、部分的に残されている壁は、古いローマの壁の構成です。ローマがいくつもの時代の集積で成り立っていることが、煉瓦を見ても感じることができます。

ネプチューンの彫像

地下の通路の展示スペース

規則正しいフレミッシュのパターン

部分的に残されている壁

カンピドリオ広場とカピトリーニ美術館

さまざまな時代の煉瓦

煉瓦の故郷、ローマ

厚さが薄い近世イタリアの煉瓦

ローマには比較的新しい教会で煉瓦の外壁のものがあります。フレミッシュのパターンのものが多いですが、左の教会は長手積みです。

壁面は「長手積み」なのですが、柱型のような部分は、寸法調整のためでしょうか、「ようかん」や小口なども使われています。壁体というよりは、仕上げ材の感覚なのでしょうか。

右下の建築は、大理石の柱型の間の壁が、フレミッシュのパターンで仕上げられています。これが近世のイタリアの特徴と言ってよいでしょう。いずれにしても、オランダ・イギリスなどの近世の煉瓦に比べて、厚さが薄いです。

煉瓦の外壁の教会

壁面は長手積み

「ようかん」などを使った柱型

近世イタリアの特徴的なフレッシュパターン

サンタ・マリア・デッラ・コンチェッツィオーネ・デイ・カプチーニ

サンタ・マリア・デッラ・コンチェッツィオーネ・デイ・カプチーニと呼ばれているこの教会は、一六三一年に造られたと言われています。髑髏で飾られたクリプトのある教会としても知られています。煉瓦の部分が当初のものかはわかりませんが、明快なフレミッシュパターンとなっており、煉瓦の厚さも、それほど薄くはありません。一七世紀にこのような煉瓦積みが行われていたのでしょうか。

ローマの比較的新しい建築は、ほぼフレミッシュパターンと言ってよいでしょう。それも煉瓦の厚さが薄いのが特徴です。

フレミッシュパターン

ローマ市内の建築、石材と煉瓦を組み合わせたファサード

薄いフレミッシュパターン

サンタ・マリア・デッラ・コンチェッツィオーネ・デイ・カプチーニ

石材と煉瓦の組み合わせの建築

煉瓦の積み方

代表的なパターン

旅の間、煉瓦の積み方を見て、「〇〇積み」と説明してきました。ここで、煉瓦の積み方について、おさらいしておきましょう。

建築における煉瓦の積み方とは、標準煉瓦を主体とし、それに「ようかん」「七五」「半ます」などの煉瓦を組み合わせて、強度の高い壁体を造り上げる技術です。煉瓦壁の厚さは四五センチメートル内外のものが多く、立体的に見ると、その組み合わせ方は巧妙です。そして、その組み合わせの結果として、表面に現れるパターンはいくつかの特徴的なものとなります。多くの方は、その表面のパターンを見て、「〇〇積み」と呼んでいます。確かに、表面のパターンは認識しやすいので、まずはそれを見ていきましょう。あわせて、窓廻りや出隅における納め方も重要ですので、それも見ておきましょう。ここでは、代表的な九つのパターンを取り上げます。

イギリス積み

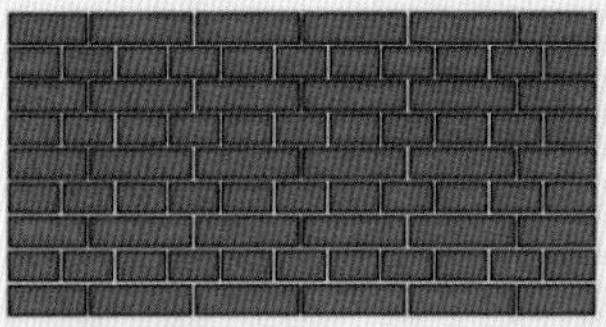
イギリス積み　七五納まり

オランダ積み

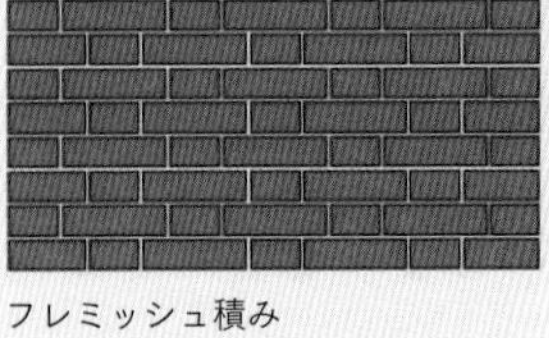
フレミッシュ積み

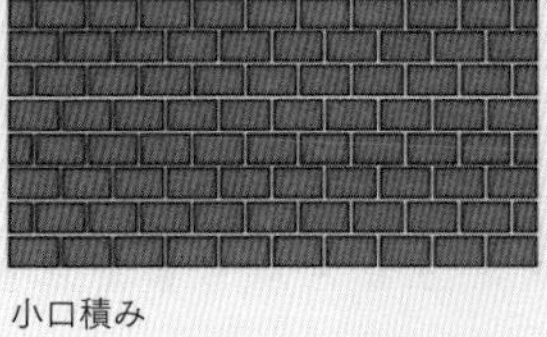
小口積み

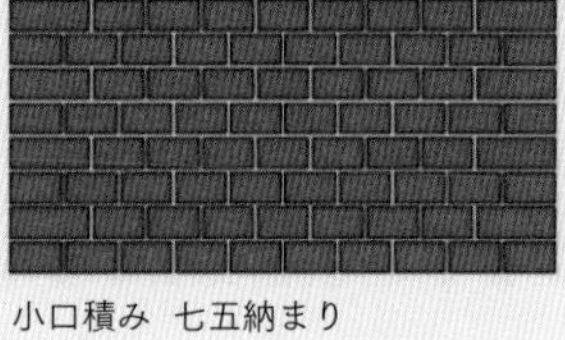
小口積み　七五納まり

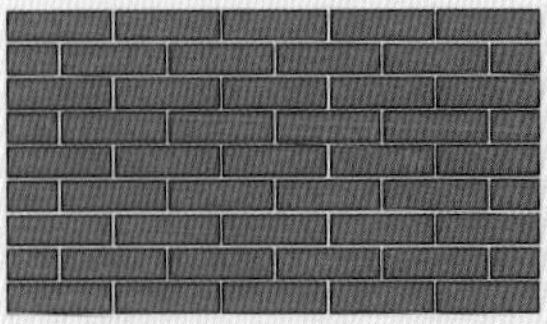
長手積み

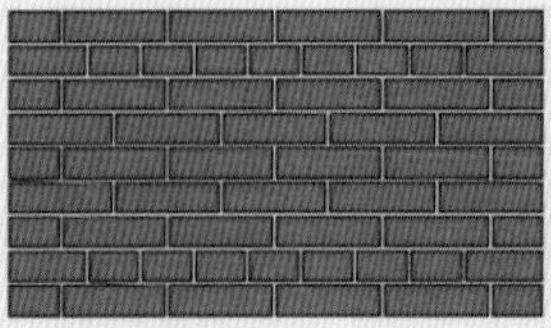
コモン積み

北欧積み

イギリス積み

それぞれの積み方について、さらに詳しく見てみましょう。まずは、「イギリス積み」です（上）。

「日本では、当初は「フランス積み」が行われたが、次第にイギリス積みに移行していった」というのが一般的な煉瓦の積み方の解説です。小口の段（コース・course）と長手の段が上下方向に交互に重ねられているのですが、簡単に言うと、小口の段の煉瓦が、長手の段の表面の煉瓦の奥に延びていて、内部まで一体化しているわけです。日本では確かにイギリス積みが多いのですが、図のような「ようかん」を用いた納まりは、それほど多くはありません。

イギリス積みは「イングリッシュボンド(English bond)」の訳ですが、典型的なイングリッシュボンドは、日本では「ようかん」と呼ばれる煉瓦を用いた「クイーン・クローザー(queen closer)」の納まりが用いられます。英語ではsoapとも呼ばれます。

本書では、「ようかん納まり」と呼んでいます。もっとも、右に述べた原語は英語であり、英国人から見た煉瓦の呼称であることを忘れてはいけません。また、旅の途中で見たように、イギリスの煉瓦造がすべてイギリス積みというわけではありません。

次に、「イギリス積み・七五納まり」を見てみましょう（下）。イギリス積みは、「ようかん」を用いなくても、「七五」を用いることによって納めることができます。そして、このような納め方のイギリス積みが日本では多く見られるのです。

さらに、二〇世紀の後半、日本ではこの図のような積み方が「オランダ積み」として、教科書や教材に記されていました。そのため、各地の煉瓦造には「オランダ積み」と解説されているものが少なからずありますが、ほとんどは正しくありません。なぜそのような間違いが起きたかは後で述べましょう。

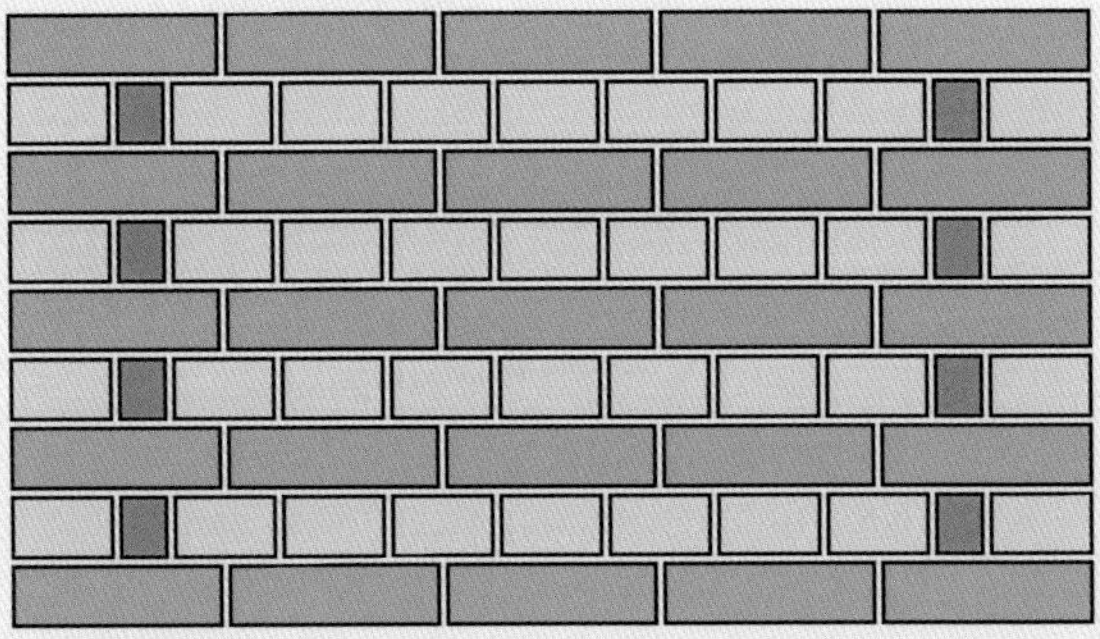

イギリス積み

イギリス積み　七五納まり

オランダ積み

本来の「オランダ積み」は右上の図のようなものです。煉瓦を巡る旅はオランダから始めましたから、この図の積み方が「オランダ積み」であることはおわかりでしょう。長手の段と小口の段が上下に交互に重なっていることは「イギリス積み」と同じですが、長手の段の縦の目地が、上下で半分ずれているのです。「オランダ積み」は、「ダッチボンド（Dutch bond）」と呼ばれることもありますが、英語の解説書では「イングリッシュクロスボンド（English cross bond）」と書かれています。英国人から見た呼称なのでしょう。そして、英文で書かれたものが、日本でもっとも通用しているわけです。

オランダの旅の途中でお話ししましたが、オランダでは煉瓦の積み方は数百年にわたってこの積み方なので、特に呼称はないのだそうです。

また、オランダの旅で見たように、この長手の段をずらした積み方で「ようかん」を用いて納めている例もあります。

オランダ積みの最下段を、小口の段から始めてみましょう（右上から二つ目）。小口の段から始めると印象が異なる図になりますが、パターンとしては同じです。先ほどの図の右端部が出隅だとすると、その奥行方向の表面はこの図のようになります。それが正統な煉瓦の積み方であり、イギリス積みでも同様なのですが、出隅の両側で、長手の段がそのまま長手の段になっている積み方も散見されます。出隅部分の内部を考えると適切な積み方とは言えないのですが、積み方の指示の仕方としてはわかりやすいために、そのような積み方も広まったのでしょうか。

もう一度、オランダ積みを見てみましょう。鉛直荷重の伝わり方を考えると、少なくとも表面の煉瓦に関していえば、オランダ積みの方がイギリス積みより合理的であると考えられます。このような積み方を生み出したオランダ人の知恵なのでしょう。階段状に目地が連続することも魅力的です。ただし、この壁に横方向に力が働くと、色分けした部分の目地に連続した亀裂が入る危険性があります。地震がある地域では心配な積み方です。

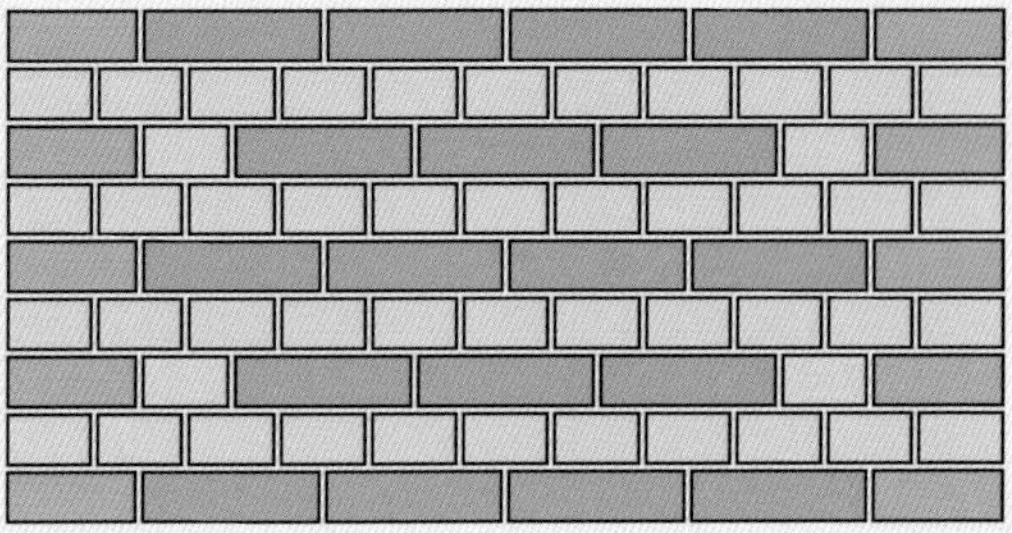
オランダ積み

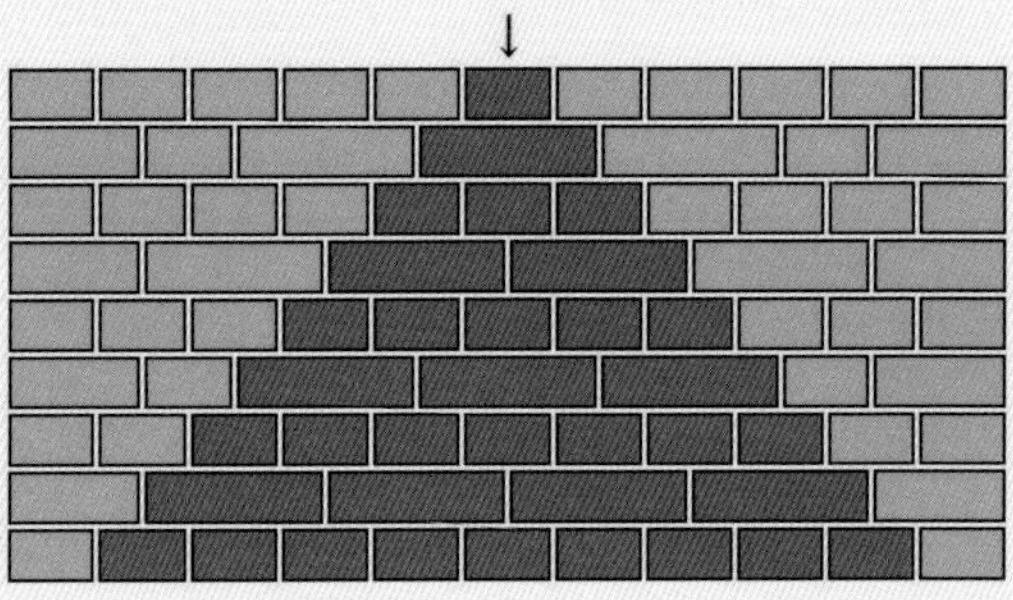
階段状に目地が連続する

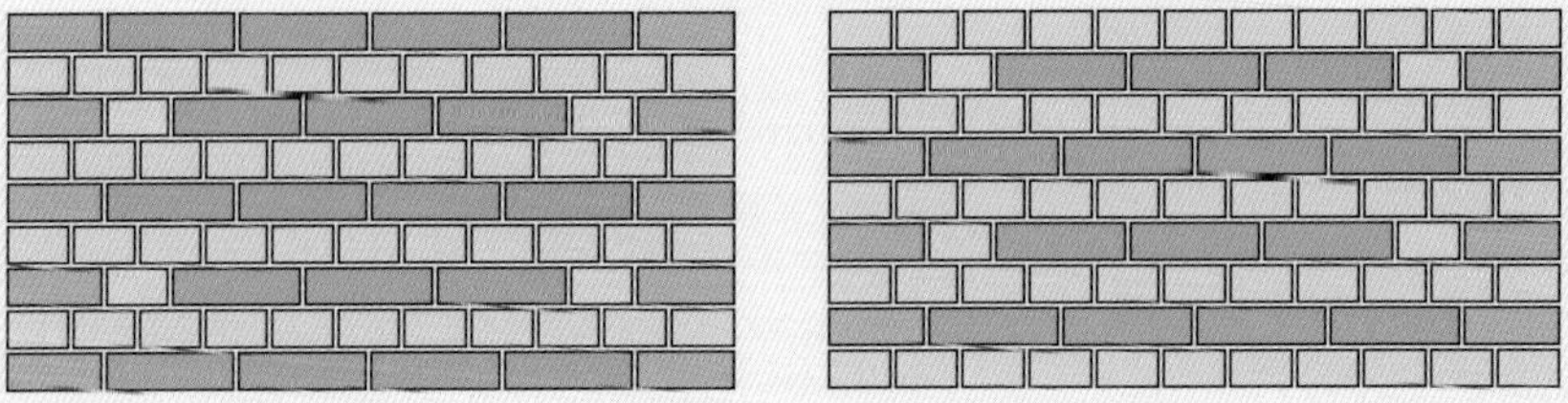
このふたつの図の中央で折ってみると、出隅部分の煉瓦の関係がわかります

フレミッシュ積みと小口積み

次に「フレミッシュ積み」を見てみましょう。フレミッシュ積みでは、各段で、小口の煉瓦と長手の煉瓦が交互に並んでいます。パターンとして美しいので、現在でも、煉瓦タイルの張り方では多用されています。この積み方は、わが国では、明治時代のある時期から、「フランス積み」と呼ばれています。明らかな誤用なのですが、それについては、後で説明しましょう。ただ、すでに見てきたように、フランスではこの積み方を多く見ることができるので、仕方がないのかもしれません。

フレミッシュ（Flemish）とは「フランダース地方の」という英語です。英国人から見た呼称なので、「フレミッシュ積み」という用語も、そのようなものだと理解すべきでしょう。ベルギーとオランダあたりのフランダース地方には、フレミッシュ積みを見ることもできますが、すべてそうだというわけではありません。

「交互積み」とか「クロス積み」と呼んだ方がよいかもしれませんが、少なくとも英語では「Flemish bond」が通用してしまっているので、「フレミッシュ積み」でよいのでしょう。

筆者の感覚では、構造体としての煉瓦よりは、表面に装飾的に使われる例が多いので、「イタリア積み」でもよいのではないかとさえ思われます。

次は「小口積み」です（中）。小口積みは、ドイツ積みと呼ばれることもありますが、ドイツの煉瓦の積み方がこのようだというわけではありません。ドイツ北部の煉瓦の積み方は、旅で見てきたように、オランダ積みです。

明治の中ごろに政府に招聘されたドイツのベルリンの建築家であるヘルマン・エンデとヴィルヘルム・ベックマンの建てた旧司法省庁舎の外観が小口積みになっているため、ドイツ積みと呼ばれるのかもしれません。もっとも、彼らの設計したものは立派な官庁建築であり、構造体の煉瓦をむき出しに見せるようなものではなく、表面を小口煉瓦で覆っているのです。壁体の内部は、普通の煉瓦の積み方になっています。

小口積みの端部の納め方には、別な方法も存在します（下）。赤煉瓦建築の代表例ともいえる、辰野金吾による東京駅丸の内駅舎（二〇六ページ）も、表面は小口積みですが、東京駅では、端部に小口の半分の大きさのタイルが用いられています。表面だけのタイルですから、「ようかん」ではありません。石材と取り合う端部の納め方としてはあり得る方法ですが、出隅の納まりとしてはどうでしょうか。

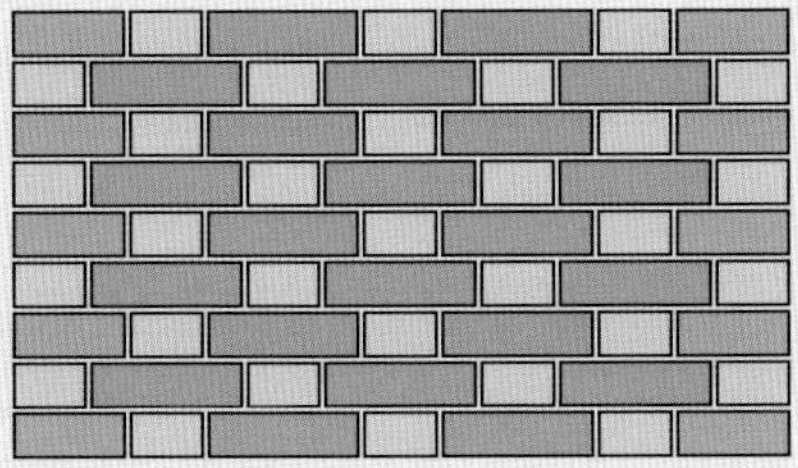

フレミッシュ積み

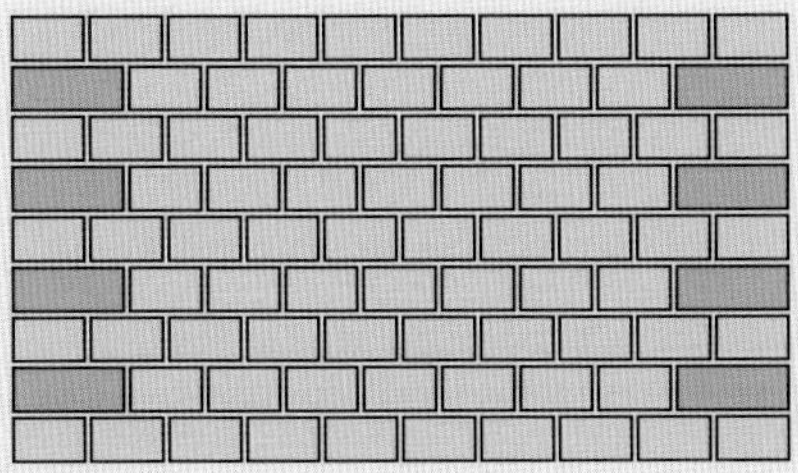

小口積みⅠ

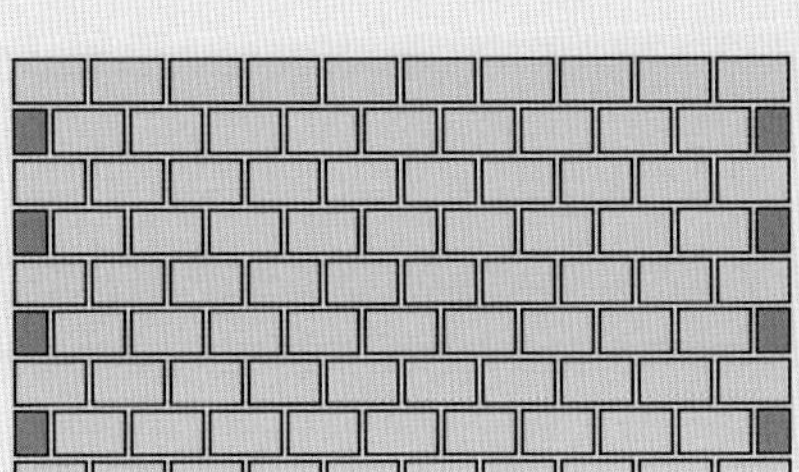

小口積みⅡ

コモン積みと北欧積み

煉瓦を単純に積むと「長手積み」となります（上）。よく見られる表面のパターンですが、これですと、奥行き方向は小口の幅で終わり、一〇センチメートル強の厚さの壁体となってしまいます。厚い壁体にしようとしても、目地で切れてしまって、内部の煉瓦と繋がりません。

ただ、近代の煉瓦造では、環境的な側面から、構造軀体としての（イギリス積みなどの）壁体の表面に空気層や断熱材層を設け、その外側に長手積みで煉瓦を貼ることがあります。表面が長手積みの場合は内部がどうなっているかはわかりません。間が空気層の場合は、「キャビティ・ウォール」と呼ばれます。空気を流すために、表面にところどころスリットがあるのが特徴です。

長手積みを主体としながらも、内部の煉瓦と一体化して構造躯体とするために、煉瓦を奥行き方向に用いた段を設ける方法があり、「コモン積み」と呼ばれています（中）。小口が並ぶ段を、数段おきに設ける積み方です。米国でよく見られる積み方なので、「アメリカ積み（American bond）」とも呼ばれています。この図では、六段に一段が小口の段ですが、四段ごとのものや五段ごとのものもあります。

さらに複雑な積み方もあります。左下の図はフレミッシュ積みに近い積み方ですが、長手がふたつ連続するパターンです。これは、二〇世紀以降に装飾的に煉瓦のパターンを見せるようになって出てきた積み方ではないかと思われます。この図では、小口の位置がある程度規則的ですが、もっと不規則な積み方もあります。正式な名称があるのかわかりませんが、フィンランドで見ることができたので、ここでは「北欧積み」と呼んでおきましょう。

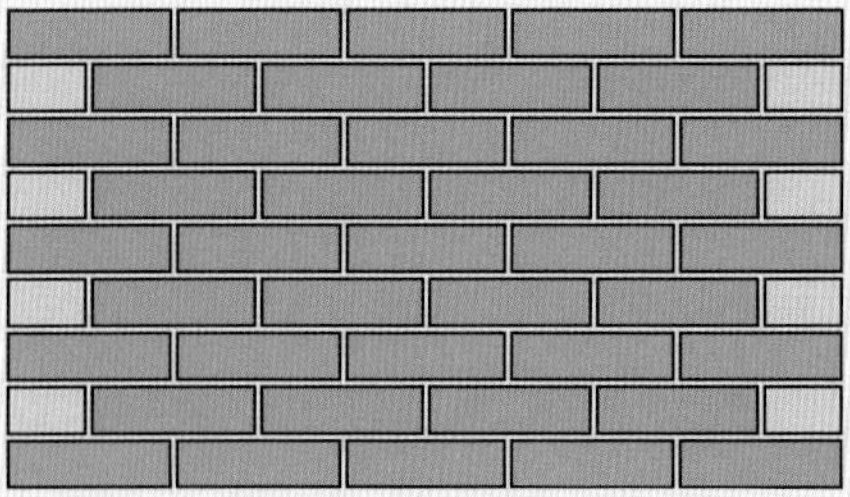

長手積み

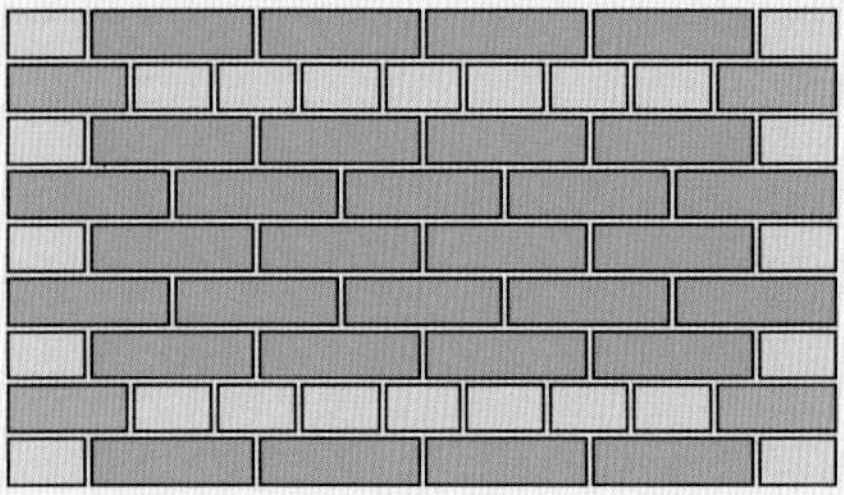

コモン積み（アメリカ積み）

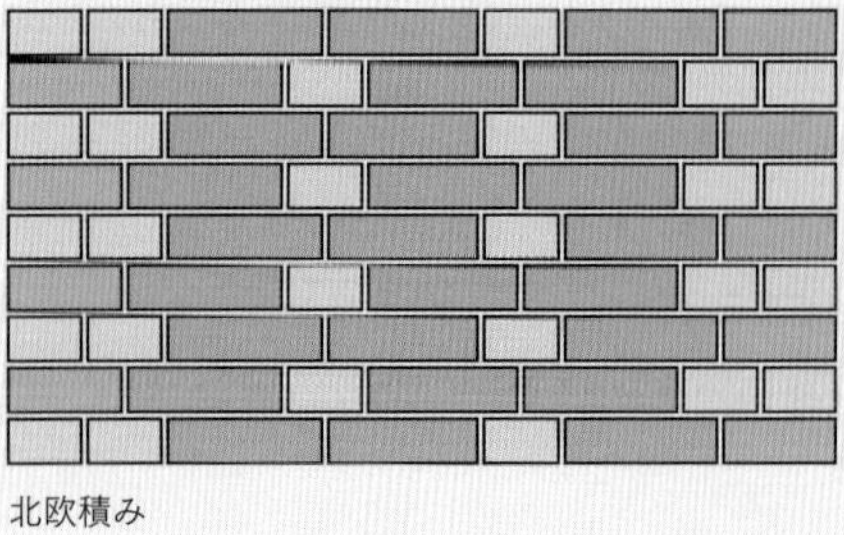

北欧積み

立体的に積み方を見る

表面のパターンに着目して煉瓦の積み方を見てきましたが、最初に述べたように、煉瓦の積み方は立体的なものです。次に、立体的な図法で、煉瓦の積み方を見てみましょう。まずはオランダ積みです（右）。壁の厚さが、煉瓦の長手の長さの二倍の積み方を示していますが、このような壁を「二枚積み」と呼びます。一番上の段を浮かして表現しているので、段と段の間の煉瓦の位置関係がわかるでしょう。上下に連続している目地はありません。一番下の段は、右側が長手の段で、左側が小口の段になっています。「七五の納まり」ですが、「七五」の煉瓦の用い方がよくわかると思います。

イギリス積みだとどのようになるでしょうか（中）。同じく、最下段は、右側が長手の段で、左側が小口の段になっています。目地が上下で一致しているところはありません。イギリス積みには「七五」で出隅を納める方法もありますが、ここでは「ようかん」を用いた典型的なイギリス積みを図示しました。

一般部分の煉瓦の並び方は、オランダ積みとほぼ同じですが、隅角部が異なっています。用いている「ようかん」はそれほど多くはありません。「ようかん」や「七五」を役物だと見ると、役物の少なさが「ようかん」納まりの特徴かもしれません。イギリス人は、役物の数を減らしたかったのでしょうか。「ようかん」は、標準煉瓦からふたつ取れますが、「七五」は、標準煉瓦からひとつしかとれないことも関係しているのかもしれません。

フレミッシュ積みはどうなるでしょうか。ここでは、「一枚半」の厚さの壁を示しました。表面のパターンの美しさとともに、内部の配置も魅力的です。隅角部には、「七五」の煉瓦が必要となりますが、内部では、半分の長さの「ようかん」も用いられています。また、隅角部以外の内部には「半ます」が用いられています。

段の上下の目地の位置を見ると、わかりにくいかもしれませんが、小さな長さで上下の目地が連続する部分がかなり出てきます。そのことをもって、「フレミッシュ積み」は構造的に「イギリス積み」などに比べて弱いと解説されていたことがあります。

私の感覚では、それほど強調するような違いではないと思うのですが、目地が連続していることは事実です。

二枚の厚さのフレミッシュ積みが、出隅部分でどうなるか考えてみてください。かなり難しいです。ひとつの段に「七五」をひとつ、「半分の長さのようかん」をふたつ使えば納めることができますが、他の方法もあるかもしれません。一枚の厚さのフレミッシュ積みの隅角部はどうなるでしょうか。

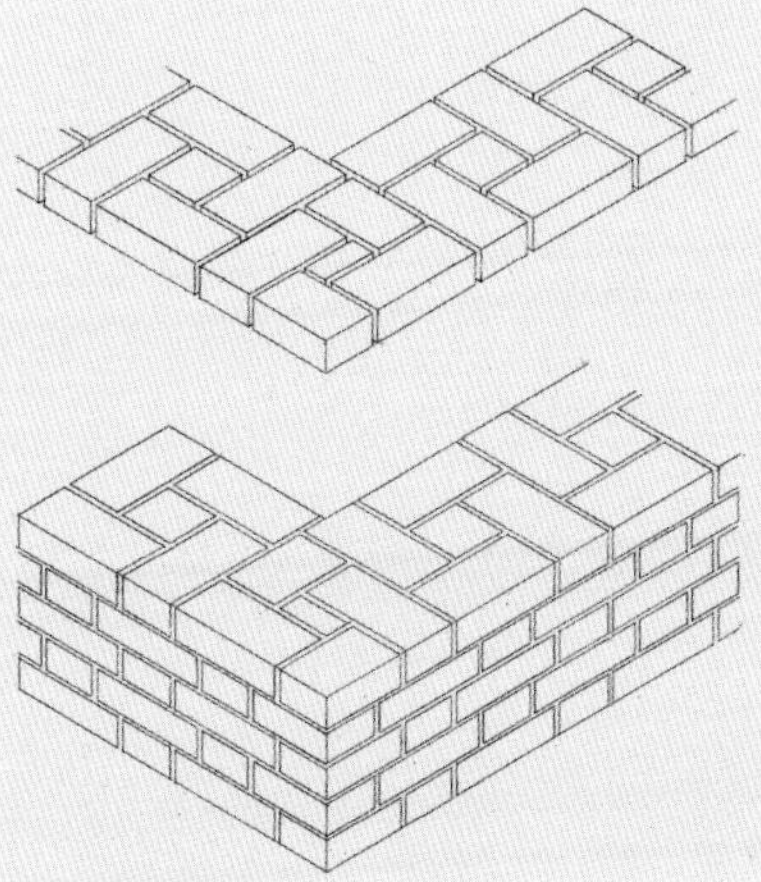

フレミッシュ積み

イギリス積み

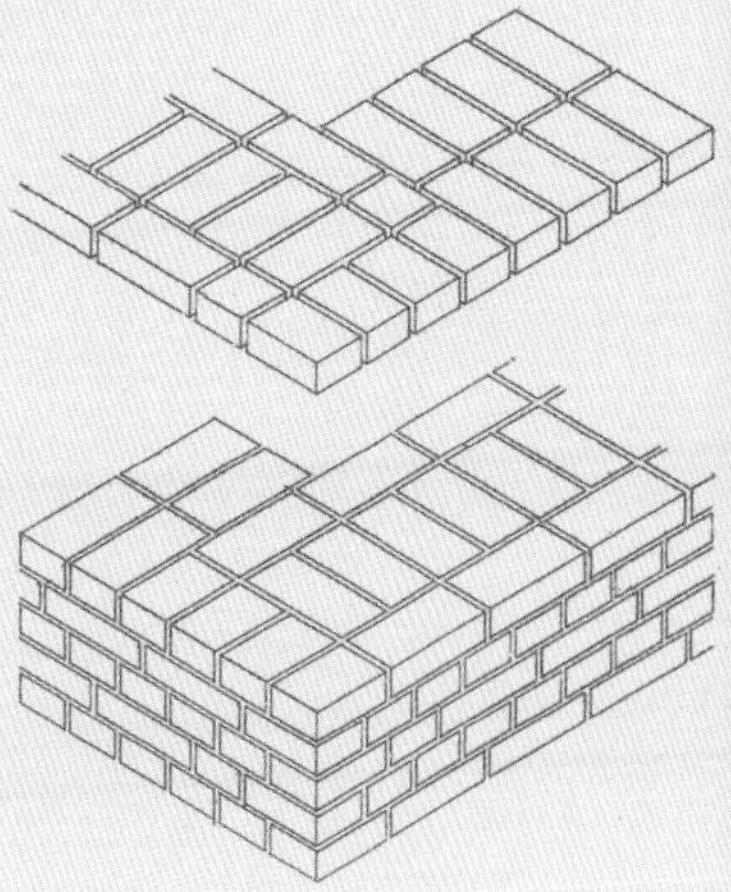

オランダ積み（二枚積み）

煉瓦の積み方の呼称の間違い

フランス積み、中村達太郎の見解

すでにお話ししたように、煉瓦の積み方については、明治以来、誤った呼称が広まってしまっています。なぜそのような間違いが起きたのかを考えてみましょう

まず、日本で広まってしまった「フランス積み」という呼称ですが、「フレミッシュ積み」（フランダース積み・フランドル積み・フレミス積み・Flemish bond）が、英語圏での呼称です。いつごろからフランス積みと呼ばれるようになってしまったのでしょうか。

一八九七年（明治三〇年）五月の『建築雑誌』（日本建築学会）に、帝国大学教授の中村達太郎が次のように書いています（一部当用漢字に改めた）。

「或人余に問ふて曰く英人の所謂FlemishBondを称して佛蘭西積と云ふものあり又は之を和蘭積と唱ふるものあり二者孰《いず》れか正しきやと蓋《けだし》余は建築學階梯に於て佛蘭西積なる語を用ひ瀧工学士は建築學講義録を以て和蘭積なる名を披露したるに依り生徒及ひ工手の如きは孰れの名を用ふるべきか之がため疑問を生したるも無理ならぬ事なり又之がため余が説明を披露するも無益の事にはあらずと信す」と述べ、さらに、「余は前記兩語共に何れも間違ひに非すと思考するものなり夫れ間違ひなるものは一の標準ありて、之に違ふものを間違ひと爲して之に合するものを正しとなし正否一に標準に依るなり」「余は前記の英語を標準となしたるに非す建築學階梯を編輯するの前に於て既に普通語となりたるもの即ち日本語なる『佛蘭西積』を用ひ之に英語を附記したるのみ（因《ちなみ》に記す瀧氏も余も造家學なる語を用ひずして建築學なる語を採用したるは同意に出てたるならん而して余の建築學なる語を取りしは敢て英語のArchitectureに依らずして獨立に之れを定めたるなり）故に余は日本語となりたる普通語を標準としたるなり」と続け、さらに「瀧氏は英語を標準とせられたるならむか」と述べています。

現代の言葉にすると、次のようになるでしょうか。「ある人が私に質問したのですが、イギリス人の言うフレミッシュボンドのことをフランス積みと言う人もいるし、オランダ積みと言う人もいます。どちらが正しいのでしょうかと。私は『建築学階梯』という本を書いたときに『フランス積み』という用語を用いたのですが、瀧工学士は『建築学講義録』で『オランダ積み』という名称を披露しています。そのため、生徒や工手などがどちらの名称を用いたらよいか疑問に思うのも無理ありません。そのため、私が説明を披露することも無駄ではないと考えます。」「私は両方とも間違いではないと信じます。間違いというのは、一つの標準があって、それと異なるものを間違いとし、標準に合致しているものを正しいというのであって、正否は『標準』に依るのです。（でもいまのところ標準がありません）」「私は英語を標準とはしません。建築学階梯を編纂する以前に、既に普通の言葉となっていたもの、すなわち日本語の『フランス積み』を用いて、それに英語を付記したにすぎません。（後略）」

続けて、「故に余は曰く英人がFlemish Bondと稱する積方には現今日本に於て二つの名稱あり和蘭積み及ひ佛蘭西積是なりと」「然れども一物にして二個の名稱あるは不都合なり建築語一定（余は常に譯語一定と云はず）取調委員を設くるの必要なるは何人も賛成する所ならん」としています。

これは、「したがって、私が思うに、イギリス人がフレミッシュボンドと呼んでいる積み方は、現在の日本に於いてはふたつの名称があって、オランダ積みとフランス積みということになりますが、ひとつのものにふたつの名称があるのは不都合ですから、『建築語一定取調委員』を設けることが必要なのは、皆さん賛成して下さるでしょう（私は、『訳語一定』とは決して言いません）」ということになるでしょうか。

ちなみに、中村達太郎は、現在の東京大学建

築学科に繋がる工部大学校造家学科の４期生で、この六年後の一九〇三年に、日本で最初の建築用語辞典『日本建築辞彙』をまとめています。また、瀧大吉は五期生です。

簡単に言うと、もう「フランス積み」が日本語として通用してしまっているのだから、それでいいじゃないか、というのです。

中村達太郎は一八九四年に三四歳で帝国大学の教授になっていますので、彼の言うことは絶対だったのでしょう。

フランス積みの誤用は、「佛蘭蜜斯式」から？

それでは、なぜ「フランス積み」となってしまったのでしょうか。フレミッシュは「FL」で、フランスは「FR」ですから、欧米人にとってはあり得ない取り違いです。長年、そのことが疑問でしたが、友人の建築家の新堀学さんが興味深いことを教えてくれました。台湾における煉瓦の展示で、「フレミッシュ積み」のことを、「佛蘭蜜斯式」と書いてあるというのです。ちなみに「イギリス積み」は「英式」、「オランダ積み」は「荷蘭式」だそうです。

明治の初期に「フレミッシュ積み」という用語が入ってきたときに、「佛蘭蜜斯」という字を当てたところ、誰かが「佛蘭西」と取り違えてしまったというのが真相でしょう。そう考えると、納得できます。しかし、グローバルな時代、もう、「フランス積み」という呼称は止めるべきであると思います。

『建築雑誌』での積み方の紹介

この『建築雑誌』で、中村達太郎は、続けて、次のように述べています。「次に参考の為め煉瓦積方の名称二三を左に掲けん」と述べ、オランダ積みについて、「第一図は長手層の隅に於て七五を用いたるものと七五及び小面を合せ用ひたると交互に置き其間に小面層を挿入したり其名称を挙くれは左の如し」

「（一）和蘭積（Dutch Bond）右は Charles F. Mitchell の用いたる語　（二）十字形積（Der Kreuz-Verband）右は独逸人の用ふる語なり又佛人も同語を用ふ即ち（L'appareil encroix 或は La liaison cruciform）（三）和蘭十字形積右は余の造りたる語」と紹介しています。

これらは、端部に七五を用いた納まりになっており、正統なオランダ積みの記述と言えるでしょう。

さらに、第二図は、オランダ積みの端部（隅角部）に「ようかん」を用いた納まりの図を描いており、英吉利十字形積と紹介しています。

ちなみに第三図はあまり見ることのない積み方で、「合の子積み」と名付けています。

第四図はフレミッシュボンドとなっており、英人はフランデル積（Flemish Bond）とし、和蘭積は瀧氏の用いる語、佛蘭西積は余の採用したる語としています。

第一図（着色は筆者による。以下同）

第二図

第三図

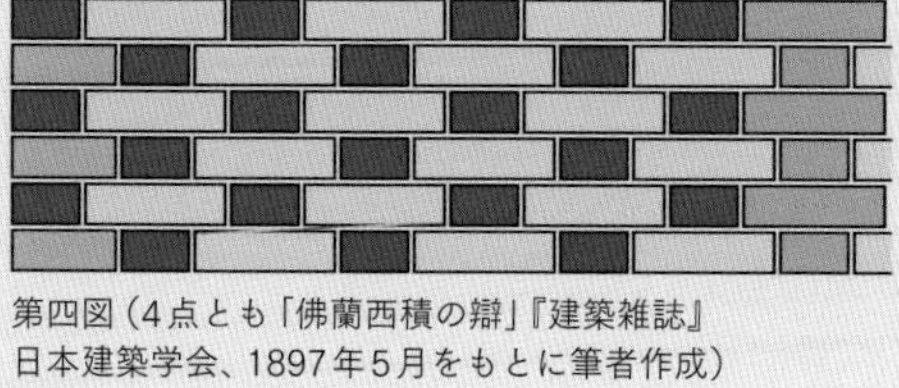
第四図（4点とも「佛蘭西積の辯」『建築雑誌』日本建築学会、1897年5月をもとに筆者作成）

この『建築雑誌』の積み方の紹介では、「イギリス積み」が紹介されていません。むしろオランダ積みが主流であると捉えられていたのでしょうか。

オランダ積み、『構造用教材』での誤用（日本建築学会編）

それでは、「オランダ積み」が間違って紹介されることになったのはなぜでしょうか。

日本で建築学を学ぶ人が、ほとんどすべて利用している、日本建築学会編の『構造用教材』でも、オランダ積みの図は、オランダで主流の煉瓦の積み方ではありません。

一九四八年（昭和二三年）の初版は、立面図と平面図で示されていますが間違っています。

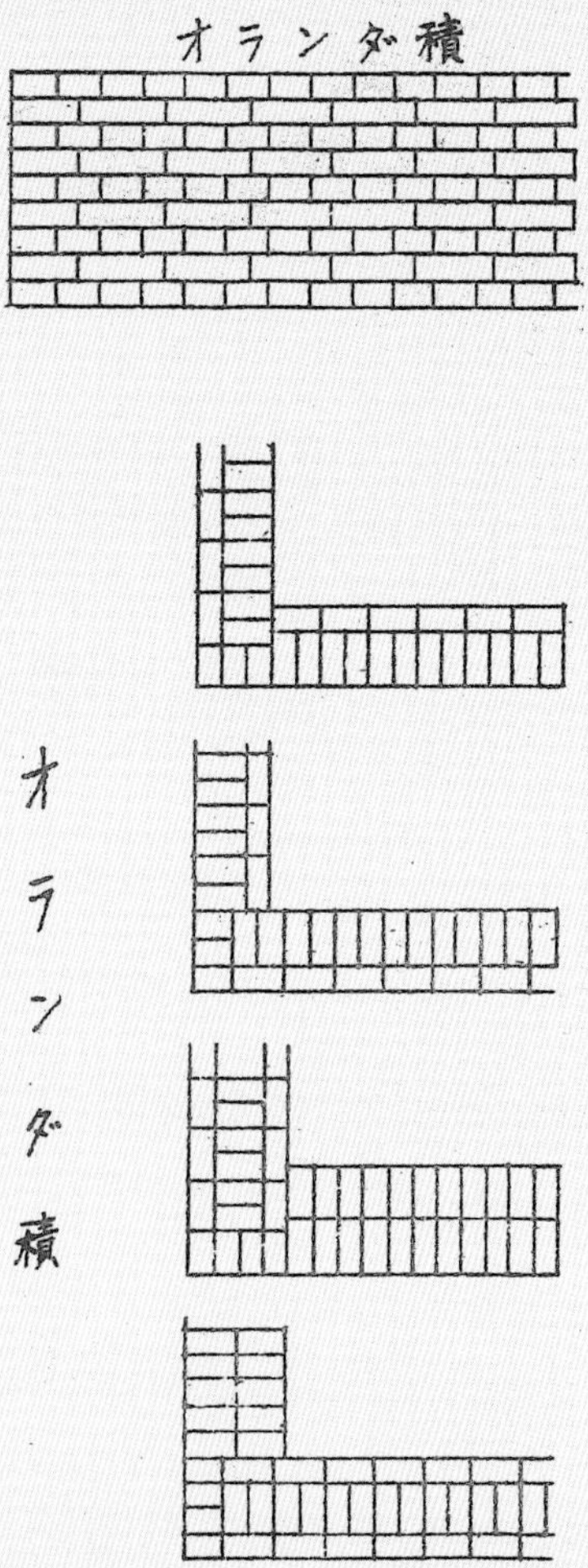

『構造用教材』初版より「オランダ積」
（日本建築学会編・発行『構造用教材』1948年）

一九五九年（昭和三四年）には『構造用教材I』として改訂版が出されていますが、その版ではオランダ積みは紹介されていません。

しかし、一九八五年（昭和六〇年）の『構造用教材』改訂版では、アイソメトリック図法で間違った図が掲載されています。戦後に出版された幾つかの教科書でも、オランダ積みは同じように紹介されています。影響力は強く、日本の各地に現存する煉瓦造で、間違ってオランダ積みと紹介されている事例があります。もっとも、最近は煉瓦を製造されている会社などのホームページでは、オランダ積みは正しく紹介されているようです。

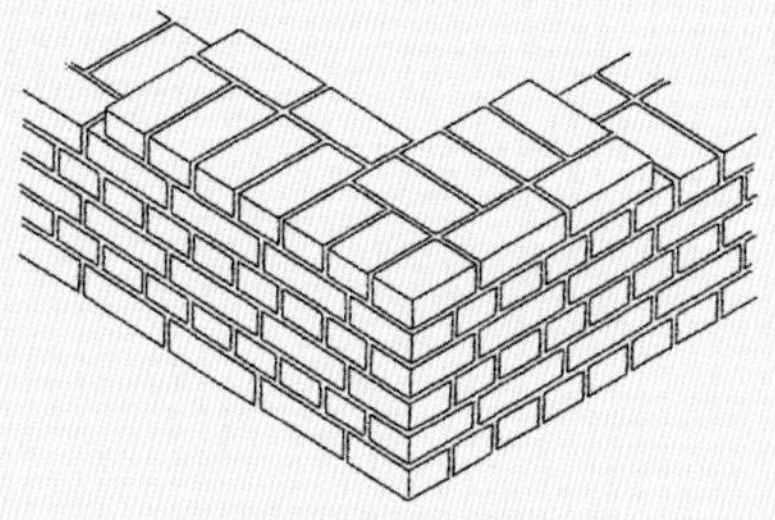

c. オランダ積み（1枚半）

『構造用教材』改訂版より「3.組積法の原則と種類」
（日本建築学会編・発行『構造用教材』1985年）

『和洋改良大建築学』のオランダ積み（大倉書店）

オランダ積みについては、一九〇四年（明治三七年）に、三橋四郎博士（明治二六年帝国大学卒業）が、『和洋改良大建築学』という本を出版し、その中では次のように述べています。

「第五八図（丙）には壁厚三枚までの積方を示せり。其他和蘭陀積（Dutch Bond）と称するものあり。比法は英吉利積の如くなれども長手層の隅煉瓦七五の次に小口を用いたるものと用いざるものとを交互になし小口層には羊羹の如き特種のものを用いず小口のみを以って積み比較的外観美麗なり。（第五八図丁）参照」

ほぼ中村達太郎の説明と同じで、かなり正確といえるでしょう。ただ、「長手の層の縦の日地が上下で半分ずれている」という記述ではなく、端部に小口を入れる層と入れない層があると、少々回りくどい言い方をしているのかもしれません。

『建築構造汎論』（岩波全書）のオランダ積み

ところが、一九三五年（昭和一〇年）に内田祥三博士（明治四〇年帝国大学卒業、建築学科教授、後に東京帝国大学総長）が出版された『建築構造汎論』（岩波全書）という、建築学の教科書のような書籍では、オランダ積みについて、イギリス積みの後に次のように記述されています。

「イギリス積みの変形とも見るべきものにオランダ積みがある。イギリス積みでは角の小口の隣に壁厚だけの羊かんを用ひるが、この積方では羊羹を用ひないで長手の段の角の所に七五を壁厚分だけ用ひることになってゐる。第二七乃至第二九図は此の積方を示したものである。」

という記述なのです。中村達太郎の「第一図は長手層の隅に於て七五を用いたるもの……」という記述の最初の部分だけを引いたとも見ることができます。

内田祥三先生は、現在の建築学の体系を構築された方と言ってもよく、耐震耐火建築としての鉄筋コンクリート造の普及に力を尽くされた方です。ご自身では一九一四年（大正三年）に中国山東省の済南市に日本総領事館を煉瓦造で設計されているようですが、国内では煉瓦造は耐震性に劣るので、安易に建てるべきではないという立場でした。したがって、建築構造の教科書としては煉瓦造についても解説する必要があるとして記述されましたが、その詳細については詳しくはなかったのでしょう。

この誤った記述については、内田祥三先生が最初なのか、それ以前に誤って記述されたものを引かれたのかは定かではありませんが、内田祥三先生の影響力は絶大で、戦後に刊行された構造用教材も、その記述にしたがって書かれたのでしょう。

それ以降、一部の例外を除いて、日本では端部の納め方に七五を用いた「イギリス積み」を「オランダ積み」と呼ぶことになってしまったようです。

ただ、隅角部や窓廻りで「ようかん」を用いずに「七五」で納めるというのは、確かにオランダ流ではあるので、疑いがもたれなかったのかもしれません。

ちなみに、『建築構造汎論』では、煉瓦組積法として、イギリス積みを最初に挙げ、「煉瓦の組積法は種々あるが其の中でもっとも普通で且つ最も完全なものはイギリス積みと云われる組積法である」と書かれています。

英語の記述が用語の混乱を招いたのか

「小口積み」のことを「ドイツ積み」と呼ぶことがあります。東京駅など、辰野金吾が設計した建築に多く見られる積み方ですが、後で述べるように、日本の初期の本格的煉瓦造として建設された、旧司法省庁舎（法務省旧本館）が初期の例でしょう。その司法省庁舎が、ドイツ人建築家のエンデとベックマンによって設計されたために「ドイツ積み」と呼ばれるようになったのかもしれません。小口積みは煉瓦の積み方というよりは、小口貼りと呼んだ方がよいかもしれません。

先に述べた中村達太郎の文章では、積み方に関して、「英国人はこう呼んでいて、独逸人はこう呼んでいる。仏蘭西人もしかり」というような記述があります。用語については、「〇〇語では」という説明が必要なのでしょう。ところが、現代では、英語の記述を中心に語られるようになっています。そのことも、積み方の用語が混乱している原因かもしれません。

なお、一般部がオランダ積みで、端部に「ようかん」を用いて納めたものを「English cross bond」とし、端部を「七五」で納めたものを「Dutch bond」としている英語の文献もあります。

ヨーロッパ各国の煉瓦を見て回りましたが、それでは日本の煉瓦を見る旅に出ましょう。

日本編

日本の煉瓦黎明期

二〇世紀に入って

大正期

同志社大学——煉瓦積みの歴史を見る

辰野金吾と小口積み

さまざまな煉瓦造

ハウステンボス——旅の終わりに

日本の煉瓦黎明期

旧富岡製糸場と北海道庁旧本庁舎

日本の煉瓦建築で古いものといえば、国宝で重要文化財であり、世界文化遺産となった旧富岡製糸場（群馬県）が、まず頭に浮かぶかもしれません。一八七二年（明治五年）の建設です。しかし、富岡製糸場は木骨煉瓦造と言い、煉瓦による組積造ではありません。木造の柱梁の間を煉瓦で埋めているのです。その造りは「フランス積み」と言われていますが、壁の厚さは煉瓦一枚分で、煉瓦積みとしては薄い壁です。「フランス積み」は正しくなく「フレミッシュ積み」と呼ぶべきですが、それよりは、「フレミッシュパターン」と呼んだ方がよいかもしれません。富岡製糸場がフランスの技術を導入して造られたことも、誤用され続けた原因でしょうか。旧富岡製糸場の煉瓦については、本書の最後にもう一度見てみましょう。

これに対し、一六年後の一八八八年に建設された北海道庁旧本庁舎（重要文化財）は、煉瓦を積

旧富岡製糸場

北海道庁旧本庁舎

み上げて構造躯体の壁を造り上げている組積造の建築です。わが国の「フレミッシュ積み」の代表例です。

壁面に凹凸を付けて立面をデザインしているため、煉瓦積みの角の部分（出隅）が多く現れています。ヨーロッパの旅に出る前に、煉瓦積みの用語についてお話ししましたが、上段右の写真の中央の出隅の部分は「ようかん」を用いて納めています。一方、右の段差の部分には「七五」が用いられています。この部分の幅は小口の七・五個分です。

上段中の写真は小口八・五個分ですが、両側が「七五」を用いた納まりになっています。「フレミッシュ積み」の納まりとしては、これが最も素直な納め方でしょう。「フレミッシュ積み」のパターンが美しく浮き出ています。中段左の写真では同じ幅で、右側に「ようかん」を用いた納まりが使われています。

右下の写真は、面取りがされているので少しわかりにくいですが、小口五個分で、両側とも「ようかん」を用いた納まりです。これも、フレミッシュパターンを美しく見せています。

柱型が多用された建築ですが、その幅が小口の倍数で言うと、八・五、七・五、五・五、五個分と、さまざまで、それによって、出隅部分の納まりに「ようかん」を用いたり「七五」を用いたりしているわけです。煉瓦を単位とした割り付けで立面が構成されていれば、このように多様な寸法にはならないでしょう。立面構成をまずデザインし、それを煉瓦で構築したということかもしれません。

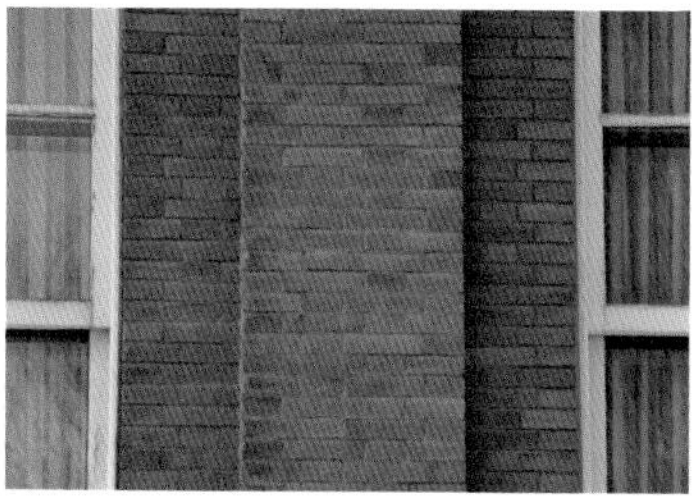
この部分は小口5.5個分で、やはり両側が「七五」を用いた納まりです

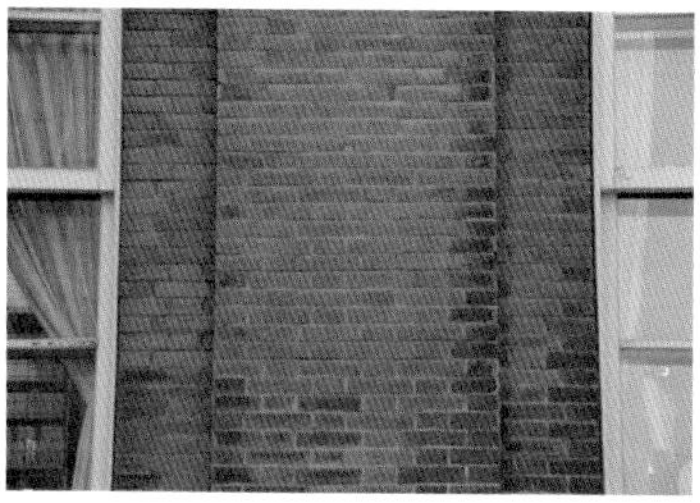
小口8.5個分の柱型

出隅は「ようかん」、右の段差は「七五」で納めています

この部分は小口8.5個分で、右側は「ようかん」納まり、左側は「七五」納まりになっています

正面からの7.5個分の幅の部分。7個分であれば左右対称に割り付けることができます

窓の上のアーチ部分も特異なデザインです

小口5個分の柱型

札幌ビール博物館

同じ札幌で二年後の一八九〇年に建てられた札幌ビール博物館は、「イギリス積み」の建築です。札幌製糖の工場として建設され、その後、札幌麦酒の製麦所として使われていました。

長手の段（コース・層）と小口の段が交互に重なっている「イギリス積み」です。工場建築なので、フレミッシュパターンをとらなかったのかもしれません。日本の煉瓦造では一般的な積み方です。この建築も、北海道庁旧本庁舎と同じく、壁面に凹凸を付けていますが、正面の窓と窓の間の部分の壁は小口一〇個分で左右対称のパターンです。端部は「七五」を用いた納まりとなっており、この「七五」の納まりの「イギリス積み」を「オランダ積み」と誤解していた時代がありました。「イギリス積み」で出隅がオランダ風（ダッチコーナー）であると言ってよいでしょう。

一方、下の左の写真の部分は小口五個分の幅で、長手の段でも長手がひとつしか出てきません。小口がふたつ並んでいるものを長手にすればよさそうですが、そうすると、直交方向で小口が上下に並んでしまいます。

札幌ビール博物館

目地が階段状に連続している正統な「オランダ積み」的

長手の段（コース・層）と小口の段が交互に重なっている「イギリス積み」

小口三つ分を小口と長手の並びで造っているわけですが、長手の位置を上下で交互にずらしているので、美しいパターンとなっています。言い換えると、この部分は、正統な「オランダ積み」になっています。オランダから帰ってきた皆さんにはおわかりいただけるでしょう。目地が階段状に連続しています。日本の煉瓦造では貴重な部分と言ってもよいと思います。

出隅の部分を見ると、「七五」納まりの一般的な積み方になっていることがわかります。「イギリス積み」では、直交する壁で、長手の段と小口の段が入れ替わっています。入れ替えないで同じ段を長手にしている建築も散見されますが、この建築は正統な「イギリス積み」と言ってよいでしょう。

この建築は、現在は博物館として使われているので、誰でも内部に入ることができます。床版が浅い煉瓦のアーチで構成されていて、それが天井面に現れていることを確認することができます。

工場だった建物が貴重な観光遺産となっていることは、煉瓦の持つ魅力にほかなりません。

煉瓦の浅いアーチで床が構成され、天井面に現れている

直交する壁で、長手の段と小口の段が入れ替わる正統な「イギリス積み」

観光遺産として残る煉瓦造

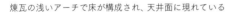

札幌ファクトリーレンガ館

博物館と北海道庁の間に立地する札幌ファクトリーレンガ館は、札幌開拓使麦酒醸造所から札幌麦酒会社工場となった建築で、一八九四年の竣工です。バットレス風の柱型がついた建築が、煉瓦造らしさを醸し出しています。

右中の写真は「イギリス積み」で「七五」納めです。柱型の幅が小口五個分ですので、すっきりしたパターンになっています。同じように見えますが、右下の写真の部分は「フレミッシュ積み」になっています。同時期でも「イギリス積み」と「フレミッシュ積み」の両方が使われていることは興味深いことです。なお、窓の下は改修された部分です。

左下の写真は、左側が「ようかん」、右側が「七五」の納まりで、「フレミッシュ積み」ですから、北海道庁旧本庁舎と共通する仕事と言ってよいのではないでしょうか。

札幌ファクトリーレンガ館

札幌ファクトリーレンガ館

「イギリス積み」の部分

「フレミッシュ積み」で「七五」を用いた納まり。右側の端部は「ようかん」

「フレミッシュ積み」の部分

「フレミッシュ積み」の部分

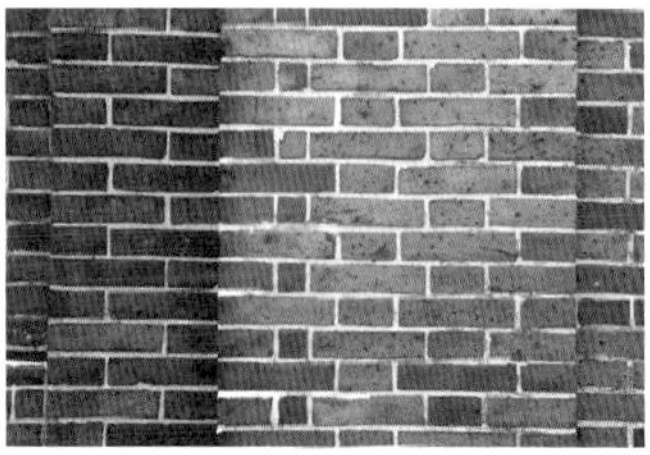
左側は「ようかん」、右側は「七五」

左側が「ようかん」を用いた納まり

江別市に遺る火薬庫

札幌の東、江別市に遺る火薬庫は、近くから移築された小さな建物ですが、一八八六年建造の煉瓦造の遺構です。屯田兵第三大隊の本部跡地ですから、北海道の歴史を物語っていると言えるでしょう。

移築の際に分割されたようで、その際のものと思われる痕跡がありますが、積み方は当初のままでしょう。「フレミッシュ積み」で、正面左側の出隅は「ようかん」を用いた納まりです。

一方、背面の出隅を見ると、背面側は「ようかん」を用いた納まりで、側面は「七五」を用いた納まりとなっています。壁の長さなどで、両者を適宜使い分けていたのでしょうか。

耐火建築であることが求められた火薬庫ですが、丁寧な仕事がなされています。なお、腰から下の部分は、移築時に新たに造られたものでしょう（写真右下）。「長手積み」になっています。内側は鉄筋コンクリートなのかもしれません。鋼製のドアのヒンジを受ける部分に石材を使い、アーチのキーストーンと合わせるなど、凝ったデザインとなっています。

江別市に遺る火薬庫

「フレミッシュ」で出隅は「ようかん」

背面側の右は「ようかん」で左は「七五」

端正な佇まいの建築

丁寧な仕事の建築

移築の際にできたと思われる痕跡

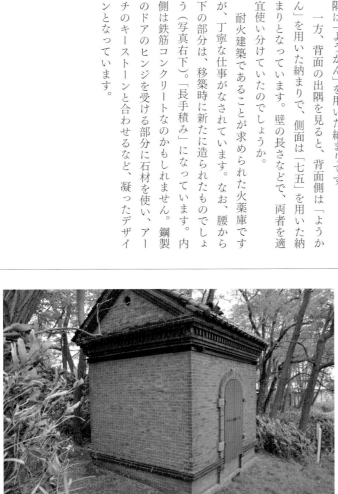

開拓使函館支庁

北海道の函館には、開拓使函館支庁という建築が残っています。建設されたのは一八八〇年（明治一三年）といいますから、日本の煉瓦造としてはかなり古い部類に属します。

そして、この建築は「フレミッシュ積み」なのです。「明治の初期には「フレミッシュ積み」が多く、次第に「イギリス積み」が主流になった」という通説を裏付けるものかもしれません。

入り口に見える出っ張った部分は増築されたものだそうです。その増築部分は、「イギリス積み」になっています。入隅は取って付けたような納まりです。

西洋から来た煉瓦の建築でも、桟瓦で葺かれて棟瓦がしっかりと載せられると、日本の建築らしくなるのは不思議議です。

開拓使函館支庁

不自然な入隅の納まり

石材を用いた出隅

側面。左は増築部

屋根は桟瓦で葺かれています

南禅寺水路閣と「ねじりまんぼ」

開拓使函館支庁と同じころに建設された京都の南禅寺水路閣は、琵琶湖の水を京都に引くために造られた琵琶湖疎水の水路です。土木技師田辺朔朗によって一八八八年に建設されています。煉瓦は、土木構造物にも多用されましたが、建築の壁体を造る技術とは大きく異なりますから、この旅では南禅寺にだけ寄ってみましょう。

南禅寺の境内にあって違和感がないのはとても不思議議です。現在はともにレトロな雰囲気なのでしょう。

足元を見ると、壁体ではなく太い柱ですが、「イギリス積み」で明解な「七五」納まりです。

この近くに、インクラインという傾斜した軌道施設があり、その下を潜る「ねじりまんぼ」と呼ばれる、煉瓦造のトンネルがあります。煉瓦によるアーチ状のトンネルですが、煉瓦が斜めに巻かれるように構築されているのが特徴です。その足元を見ると、「イギリス積み」で、「ようかん」を用いた納まりです。水路と同じ時期の建設ですが、異なっています。入り口の壁を見ても、端部は「ようかん」を用いた納まりです。

南禅寺の水路閣

水路橋の足元

「ねじりまんぼ」

「ねじりまんぼ」　内部

「イギリス積み」の明快な「七五」納まり

旧第四高等学校校舎

このころ、各地に旧制の高等学校が設立されます。金沢には第四高等学校が置かれ、一八九一年に本館が竣工しました。

旧第四高等学校校舎（重要文化財・現石川四高記念文化交流館・石川近代文学館）は、「イギリス積み」とされています。文部省の技師であった山口半六と久留正道の設計です。山口は、一八八九年に熊本に建設された第五高等学校なども設計しています。パリのエコール・セントラールに留学した、日本の建築界の草分けのひとりです。

「イギリス積み」の表面を見ると、長手が並ぶ層と小口が並ぶ層が交互に積み重ねられています。左上の写真では、窓と窓の間の壁の幅は、小口寸法の八倍であり、左右の納め方が異なっています。この右側の納め方は、先に述べた「七五」納め（ダッチコーナー）ですが、左側は特殊な納め方です。ところが左中の写真の壁のように、幅が小口の六・五倍のところもあり、やはり、右側は「七五」納めですが、左側は更に特殊な納め方です。

左下の写真は小口の一一倍の幅で、長手の段が、両側とも、小口の半分の大きさで納めています。「ようかん」で納めているのでしょうか。そうだとすると、奥行き方向が小口の段と同じになるので、上下で目地が通ってしまいます。

小口の8個の幅。長手が並ぶ層と小口が並ぶ層が交互に積み重ねられています

旧第四高等学校校舎（重要文化財・現石川四高記念文化交流館・石川近代文学館）

壁幅が小口の6.5個の幅の部分

部分的に黒い煉瓦を用い、装飾的になっています

小口11個の壁幅

門司に残る旧九州鉄道本社屋

旧九州鉄道本社屋（九州鉄道記念館）は、一八九一年の建設です。「フレミッシュ積み」で積まれています。本社屋ということでフレミッシュパターンを採用したのでしょうか。倉庫や工場とは異なる、事務所建築らしさが表れています。

窓間の壁は小口一五個分で、両端は「七五」で納められています。左右対称で、フレミッシュパターンが美しく素直に表現されています。ただ、窓台の石材との取り合いは、丁寧な寸法調整が行われていないようです。写真では、窓台との取り合い部分が異なった割り付けになっています。それでも、美しい煉瓦パターンです。

ところが、室内に入ると、「フレミッシュ積み」ですが、少しラフな仕事になっています。長手が二枚並んでいたり、縦の目地が近くなっていたりしています。外壁と異なり、内装仕上げがなされることが前提で、それほど丁寧な仕事をする必要はないのでしょう。煉瓦造の特徴です。まあ、見えなくなる仕事ですから、やむを得ないでしょう。職人さんも、まさか将来、九州鉄道記念館という博物館になって、内装仕上げが剥がされるとは思わなかったのでしょう。

外側の煉瓦は、しっかりと積まれています。当時の事務所建築らしい外観です。

旧九州鉄道本社屋

窓間の壁は小口15個分

仕上げが剝がされた内壁

室内側の目地パターン

現在は煉瓦が魅力な仕上げに

濃尾地震と耐震化への関心の高まり

この旧九州鉄道本社屋が完成した1891年10月に、岐阜県西部をマグニチュード8.0といわれる濃尾地震が襲います。建てられ始めていた煉瓦造の建築物も大きな被害を受け、建築物の耐震化への関心が急激に高まり、一部には補強などで対応したものもありました。

ヨーロッパで鉄骨造が広がり始めていた時期ですが、鉄筋コンクリート造の建設は1910年代以降ですから、耐火性に優れた煉瓦造はその後も建設され続けます。しかし、1923年の関東大地震以降はほとんど建設されなくなりました。

京都国立博物館

京都国立博物館は一八九五年に竣工した、片山東熊の設計による煉瓦造建築です。同じ片山によって一四年後の一九〇九年に設計された東宮御所、現在の迎賓館赤坂離宮（国宝）が、煉瓦をまったく見せない煉瓦造であるのに対し、石材と煉瓦を組み合わせた建築であるので、外観からその煉瓦の積み方を見ることができます。

明快な「イギリス積み」ですが、石材による付柱の側面が鉛直ではないので、煉瓦の端部の納まりには、この煉瓦造の特徴を見ることはできません。石材に囲われた壁面の仕上げが煉瓦なのです。倉庫や工場などの煉瓦造とは、明らかに異なる煉瓦の使い方です。

一方、この博物館の門は付属室を持つ建築で、納まりを見ることのできる煉瓦造です。

壁の幅は小口一三個分で、美しい「イギリス積み」となっており、端部は、出隅、窓際ともに「ようかん」を用いた納まりとなっています。長手の段の中央には、寸法調整のためでしょうか、小口がひとつ入っています。小口八個分の狭い壁もあって、こちらも同じ納まりです。小口八個分（長手四個分）ですので、長手の段と小口の段が明快です。

京都国立博物館

明快な「イギリス積み」

石材と煉瓦を組み合わせています

門柱は段が付いた形態で、中央の幅は小口一〇個分であり、「ようかん」を用いた納まりです。引っ込んだ部分の出隅も「ようかん」を用いた納まりとなっています。イギリス紳士の佇まいのように感じられます。イングリッシュコーナーの正統な「イギリス積み」と言ってよいでしょう。

小口13個分の壁

博物館の門

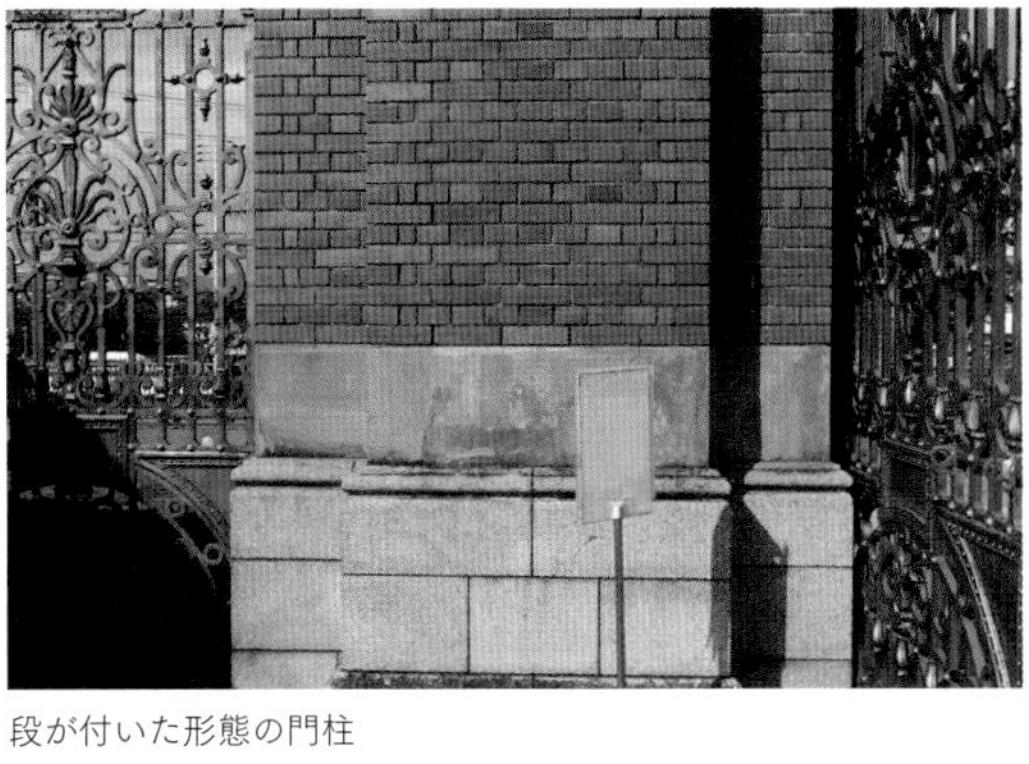

段が付いた形態の門柱

小口8個分の狭い壁

平安女学院明治館

京都国立博物館と同じく一八九五年に京都に建てられた平安女学院の明治館は、イギリス人アレクサンダー・ネルソン・ハンセルの設計で、クイーン・アン・リバイバル様式と言われています。

「イギリス積み」の小口一六・五個分の壁は、「七五」で納められています。同じハンセルが一八九〇年に同志社大学で設計したハリス理化学館は、同じ「イギリス積み」でも「ようかん」で納められています。女学院ということで、堅苦しくないようにしたと見ることができます。角の部分は小口九・五個分で、やはり「七五」で納めています。

ところが、同じ角の部分でも、小口一〇個分のところがあり、小口の段の両側に「七五」が使われているのですが、長手の段の左側に小口が挿入されており、長手で終わっています。そうなると折り返しがすべて小口になってしまいますから、積み方としてはまずいはずです。

右下の写真のように出隅は「七五」で納められています。このような積み方を日本では長い間「オランダ積み」と誤解していたわけですが、オランダの一般的な煉瓦の積み方ではありません。

平安女学院明治館。ゲーブルが載った建物ですが、オランダの一般的な煉瓦の積み方ではありません

小口10個分の壁

角の部分の小口9.5個分の壁

「イギリス積み」の小口16.5個分の壁

窓際の上と下とで異なっており、明らかに修復時に間違ってしまったようです。出隅は「七五」

聖アグネス教会

平安女学院に付随する建築に、一八九八年に建設された聖アグネス教会があります。設計者は立教大学の教授でもあったジェームズ・マクドナルド・ガーディナーです。

「イギリス積み」ですが、バットレスの部分を見ると、「七五」で納めている部分と「ようかん」を用いている部分とがあります。上部の四角い塔の出隅は「ようかん」の納まりです。

右側の上の写真の右側では、納まりの切り替わりの部分が素直で、長手の目地が半分ずれています。それに対し写真の左側の部分では、小口が上下に重なって、目地が通ってしまう箇所ができています。どうしてこのようになるのでしょうか。職人さんの気分かもしれません。

正面から見たバットレスの幅は、小口五個分ですが、それを右下の写真の上部では長手・長手・小口と小口・小口・長手の繰り返しで構成しているのに対し、下部では小口五つの段と七五・長手・七五で構成し、「イギリス積み」らしさを出している部分があります。それが、側面に「ようかん」を使っている部分とほぼ一致しています。

こうしてみると、煉瓦の積み方というものは自由自在なのかもしれません。

聖アグネス教会

左と右で納まりが異なります

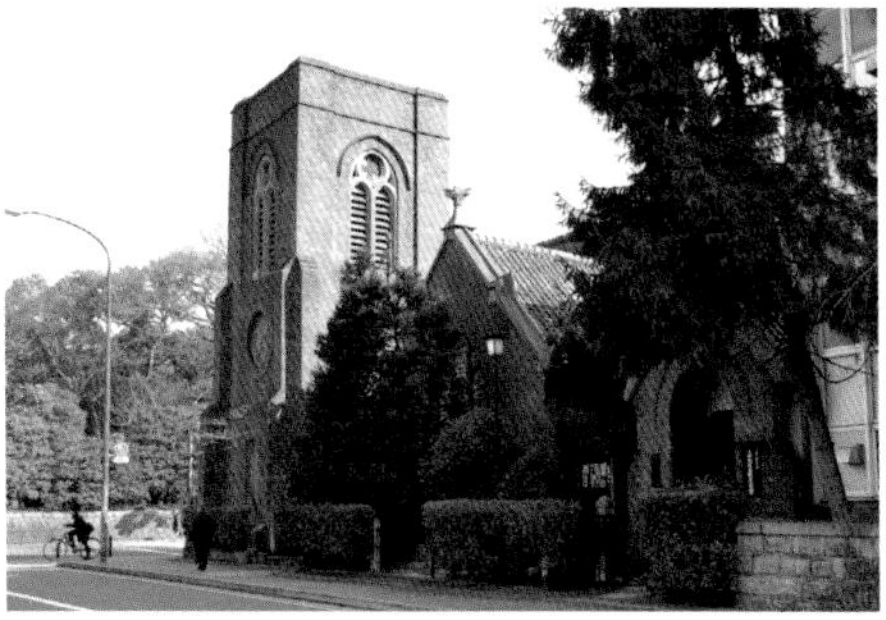

聖アグネス教会

バットレスの幅は小口5個分

一九世紀の煉瓦倉庫

鉄筋コンクリート構造が実用化される前は、防火のためには土壁と漆喰を塗り重ねた土蔵が倉庫として使われていました。一九世紀末になると、耐火性に格段に勝る煉瓦造で倉庫が建てられるようになります。

群馬県の上毛倉庫は一八九六年に前橋駅の北側に建設されました。現在の前橋駅ができたのは一八八九年ですから、鉄道輸送に合わせて建設されたものでしょう。当初は繭・生糸が保管されていたそうです。

丁寧に積み上げられた「イギリス積み」で、ほとんど狂いがありません。壁の出隅も窓際も「七五」を用いた納まりとなっています。出隅の左右も、長手の段が小口の段へと切り替わっており、正統な積み方です。

同じ一八九六年に、本庄にも煉瓦倉庫が建てられました。旧本庄商業銀行レンガ倉庫で、融資の担保として預かった繭を保管するための倉庫だったそうです。上毛倉庫と同じく、深谷の日本煉瓦製造の煉瓦が用いられたと言われています。

倉庫ですので、窓も小さく、組積造に向いていると言えるでしょう。「イギリス積み」であり、窓との納まりには「七五」が用いられています。た

旧本庄商業銀行レンガ倉庫

上毛倉庫

上毛倉庫の窓周り

上毛倉庫の腰部分

壁の出隅も窓際も「七五」を用いた納まり

旧本庄商業銀行倉庫の窓周り

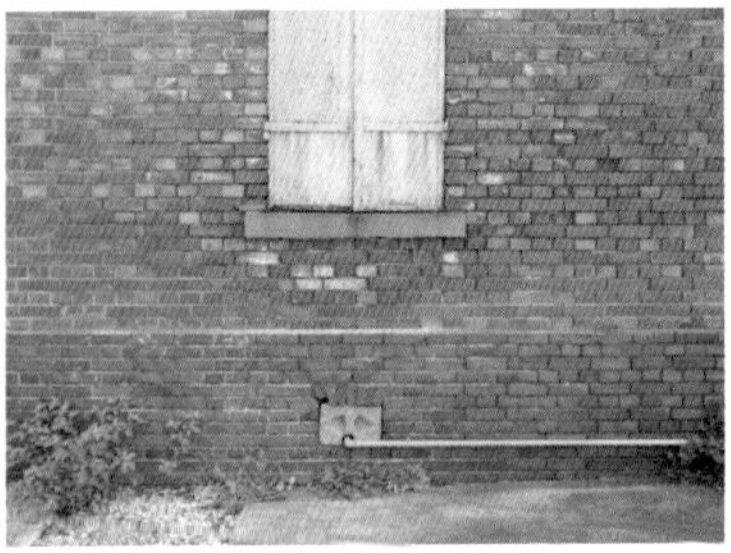
旧本庄商業銀行倉庫の腰部分

基壇部分に「ようかん」が使われています

だし、基壇部分は少し厚くなっており、出隅の部分は「ようかん」を用いた納まりとなっています。

壁の厚さによって、入隅に現れる煉瓦のパターンは変わってきます。右上の写真では二枚半の厚さのように見えます。

屋根は木製のトラスで構築されています。トラスの下弦材の中央には、二段になった「台持ち継ぎ」のような継手が用いられています。このような継手は、一〇年ほど後の舞鶴赤れんがパークの建物にも見られます。そして、この台持ちの斜めの接触面の方向が、ひとつ置きになっていることも同じです。ただ、この旧本庄商業銀行では、一か所間違ったのか、同じ方向になっているところがあります。

この建物も、当初の繭倉庫から洋菓子店に転用されていましたが、現在は本庄市の所有となり、工夫をこらした耐震補強が行われ、交流・展示スペース、多目的ホールとなっています。

旧本庄商業銀行煉瓦倉庫の内観

内部の入隅

トラス下弦材の継手

旧本庄商業銀行煉瓦倉庫。改修前の洋菓子店の時代

台持ち継手の方向

一九世紀の工場建築

北海道の岩見沢駅の近くに建つ「岩見沢レールセンター」は、一八九九年に建設された工場です。旧北海道炭礦鉄道の「材修場」という施設として建設されたようで、現在でも北海道旅客鉄道のレールを扱う工場として機能しています。

「イギリス積み」で、小口九個分の柱型は、長手の段の両端は「七五」の納まりで、中央に小口が入れられており、美しいパターンです。

愛知県にある半田赤煉瓦建物も、同時期の一八九八年に丸三麦酒の工場として建設されました。ドイツの会社による基本設計、明治期の著名な建築家妻木頼黄の設計、清水組の施工です。「カブトビール半田工場」と言われていましたが、その後、いくつかの企業によって、倉庫や工場として使われていました。現在は観光施設になっています。

明快な「イギリス積み」で、小口六個分の柱型の端部には「七五」が用いられています。ところが、仕上げがなされていた内部の壁では部分的に長手積みがずれています。解体された部分もあり、補修と思われるところもありますが、外壁は「イギリス積み」と言ってよいでしょう。

岩見沢レールセンター

「イギリス積み」で、小口9個分の柱型

岩見沢レールセンター

半田赤煉瓦建物。解体された部分や補修と思われる部分もあります

半田赤煉瓦建物

明快な「イギリス積み」、小口6個分の柱型

内部の壁

二〇世紀に入って

下関南部町郵便局(旧赤間関郵便電信局)

下関南部町郵便局は、一九〇〇年に完成した、現役の郵便局舎としては最も古いものです。石造のような外観ですが、凹型の平面の北西側が中庭のようになっており、そこに煉瓦が現れている部分があります(写真右下)。煉瓦はあくまでも構造軀体で、仕上げがなされているのですが、剥げ落ちて煉瓦が見えると、イタリアのような雰囲気になるから不思議です。基本的には「イギリス積み」ですが、下の写真の下部と最上部に、長手の段の目地をずらした「オランダ積み」のような部分があります。

この郵便局を設計したのは、東京大学建築学科の一三期生で逓信省の技師だった三橋四郎です。次に紹介する中京郵便局の設計者としても知られています。

下関南部町郵便局(旧赤間関郵便電信局)

下関南部町郵便局正面入り口

仕上げが剥がされて煉瓦積みが見える

中京郵便局

中京郵便局は一九〇二年に完成した局舎で、一九七八年に外壁部分だけを残す手法で内部は改築されています。コーナーに石材をあしらっており、窓枠も石材で構成されているので、煉瓦の納まりは特徴がありませんが、典型的な「イギリス積み」です。辰野金吾による煉瓦造と同類のようにも見えますが、辰野金吾による煉瓦造の表面が「小口積み」のパターンとなっているのに対し、煉瓦の積み方らしい目地を表しているのは、三橋四郎らしいのかもしれません。

三橋は『和洋改良大建築学』という建築の書籍を著しています。その中で、「オランダ積み」を解説していますが、その記述は正確で、この旅の最初に訪れたオランダにおける煉瓦積みのパターンを、少し回りくどい言い回しで述べています。

中京郵便局

外壁を残して保存改修

中京郵便局上部

正面入り口

「イギリス積み」のパターン

上州富岡の富岡倉庫

富岡製糸場のある上州富岡の駅前には、一九〇一年ごろの建設と言われている、「富岡倉庫」があります。石造の倉庫と木造の倉庫、三棟が残っています。

明快な「イギリス積み」の外周壁で、窓台の部分だけでなく、鉄扉の蝶番を受ける部分も石材で造られています（写真左下）。開口部の周りや脇は、「七五」や「ようかん」を用いた納まりになっています。二階の床梁を受ける部分にも石材が用いられています（写真右中）。

この煉瓦造の倉庫も二〇二一年の段階で、活用のための改修工事が行われています。

写真右下の入隅の部分を見ると、直交方向で、小口の段が同じ段になっています。上州の煉瓦造に多いようですが、教科書にあるような「イギリス積み」の図とは異なっています。また、右側の小口の段は、最後が小口の半分の大きさが見えています。これは「ようかん」のようにも見えますが、「キングクローザー」という役物の煉瓦が使われている可能性があります。

富岡倉庫。明快な「イギリス積み」の外周壁

西側壁面

窓台の部分だけでなく、鉄扉の蝶番を受ける部分も石材。「七五」を用いた納まりの開口部周り

木製の梁を石材で受けていきます

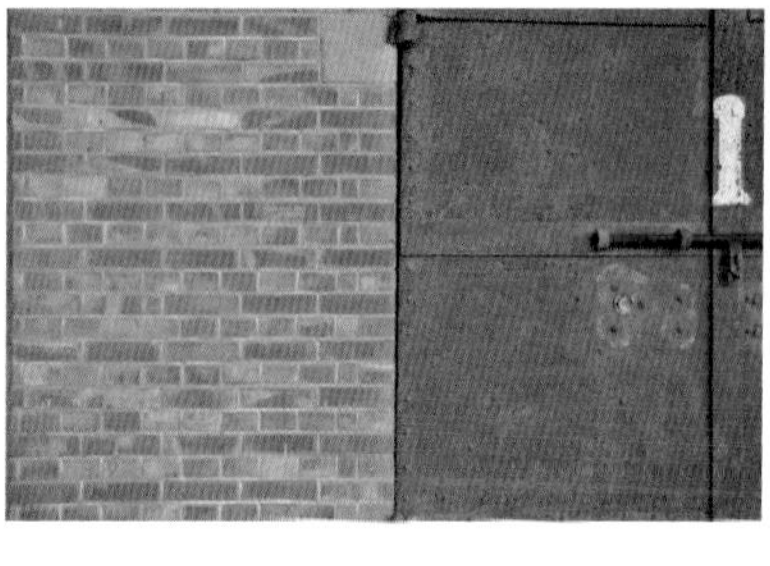

開口部の脇、「ようかん」を用いた納まり

入隅部分

牛久シャトー

茨木県の牛久シャトーは、「シャトーカミヤ」と呼ばれていた時代もあるワインの醸造所で、一九〇三年の建設です。二〇一一年の東日本大震災で被災しましたが、修復され、美しい姿の煉瓦造となっています。事務室だった建物は、中央に潜り抜けの通路を持つデザインの建築で、事務所ビルらしい上げ下げ窓が付いています。

この建築は、「イギリス積み」でほぼ「七五」の納まりですが、一部には「ようかん」を用いた納まりが使われています。

左上の写真の右側がそうなのですが左側のでっぱりは「七五」で納められています。「七五」と「ようかん」の使い分けは、時代によるとの説もありますが、割り付け上の何らかの理由がありそうです。館内に飾られている建設当初の古写真にも、「ようかん」を用いた納まりが写っています。

旧発酵室は、本館の事務室と異なり、工場らしい外観をしていますが、やはり「イギリス積み」で、小口五個分の柱型のようなでっぱりや、小口二・五個分の枠状に見える凹凸の付いた小口一〇個分の幅の柱型など、丁寧な煉瓦の割り付けがなされています。

右側の出っ張ったところ（煙突かもしれません）のように一部「ようかん」の納まりもあります

牛久シャトー、旧発酵室

牛久シャトー、本館事務所ビル

小口3個分の出っ張りがある部分、これもすっきりとした割り付け

柱型のある部分は小口7個分で、やはり「七五」。長手の段が長手二個の両側に七五が配される、左右対称のバランスのよい割り付けです

窓間は小口13個分で、窓との取り合い部は「七五」を用いた納まりです

ノリタケの森

ノリタケの森は、一九〇四年に発足した日本陶器合名会社の工場群を、二〇世紀末に改修した複合施設です。旧製土工場は一九〇四年に建設されたもので、柱型を明確にした煉瓦造です。

「イギリス積み」で「七五」による納まりの柱型は、小口四個分の幅と小口五個分の大きさとなっています。窓間の寸法はさまざまで、「七五」を用いた納まりとともに、「ようかん」を用いた納まりも使われています。

日本陶器合名会社の工場群

旧製土工場

小口4個分の幅の柱型

小口5個分の柱型

工場群

彫りの深い窓。窓間は小口9個分

舞鶴赤れんがパーク 旧海軍軍需部の倉庫群

赤煉瓦といえば舞鶴赤れんがパーク（京都府）を思い浮かべる方もおられるでしょう。旧海軍軍需部の倉庫群で、一〇棟を超える「舞鶴旧鎮守府倉庫施設」です。九棟は一九〇一年から一九〇三年の間に建てられていますが、三棟は大正時代の建設です。

一九〇二年に建設された四号棟は「イギリス積み」で、小口五個分の柱型や窓周りは、「七五」を用いた納まりになっています。同じ年に建てられた三号棟と四号棟は、ほぼ同じ造り方のようです。中間部と異なり、角の部分は小口六個分の柱型が、「ようかん」を用いた納め方になっています。「ようかん」を用いるか「七五」を用いるかは、このような使い分けをすることもあるので、「七五」を用いた積み方を「オランダ積み」と呼ぶのは、そのようなことからも適切ではありません。

内部の小屋組みはトラスで、下弦材の台持ち継ぎの斜めの方向が交互になっています。先に見た本庄商業銀行の倉庫と同じです。

舞鶴旧鎮守府倉庫施設

「七五」を用いた4号棟の中間部

「ようかん」を用いた3号棟の角の部分

トラスの小屋組み

下弦材の台持ち継ぎ

二〇世紀に入って

西側の倉庫群も一九〇二年の建設で、旧海軍の需品庫でした。「イギリス積み」で、隅の柱型と中間部の柱型の構成は、三号棟、四号棟と同じです。

用途が倉庫であったにもかかわらず、丁寧な施工がなされていることが感じられます。重要文化財の建造物ですが、二号棟から四号棟が観光施設として用いられているのに対し、現在も倉庫として使われています。

左上の写真の奥に見える五号棟は、一九一八年の建設で、一五年ほど遅れての建設です。砲銃庫として使われていたようです。規模が大きい建物ですが、柱型の割り付けなどは二号棟から四号棟と同じで、柱型の大きさに合わせ、「ようかん」の納まりと「七五」の納まりが併用されています。

床の架構には鉄骨の梁が用いられているようです。このような用途の建築が鉄筋コンクリート造に置き換わる少し前の倉庫と言ってよいでしょう。

5号棟（奥の建物）

床の架構には鉄骨の梁が用いられています

西側の倉庫群

「イギリス積み」、「ようかん」納まり

西側の倉庫群

旧舞鶴海軍兵器廠魚形水雷庫

旧舞鶴海軍兵器廠魚形水雷庫は一九〇三年の建設で、他の倉庫群とは異なり、鉄骨煉瓦造です。時代は異なりますが、旧富岡製糸場のような雰囲気があります。同じようにフレミッシュパターンですが、帳壁で壁厚が薄いのでしょう。小口の大きさが小さいものがあることも気になります。

敦賀赤レンガ倉庫

敦賀赤レンガ倉庫も同時期の建設で、一九〇五年の竣工です。石油貯蔵用の倉庫であったようです。「イギリス積み」で小口五個分の柱型は「七五」で納められています。小口六個分の箇所も、同じように「七五」で納められています。五個分の幅だと長手の段、六個分の幅だと小口の段に「七五」の側面が現れます。直交方向では別の段に出てきます。

旧舞鶴海軍兵器廠魚形水雷庫

壁厚の薄い帳壁。「フレミッシュパターン」

敦賀赤レンガ倉庫

小口５個分の柱型「七五」の納まり

小口６個分の柱型

旧宮崎商館

山口県下関に建つ旧宮崎商館は、二階のベランダの連続するアーチが印象的な建築で、一九〇七年の建設です。石材を窓の上下に連続させて用いていることも特徴と言えるでしょう。整った「イギリス積み」で、「七五」を用いた典型的な納まりとなっています。

旧福山商会

札幌の中心部に建つ旧福山商会は、味噌や醤油の店舗で、一九〇七年頃に建設された煉瓦造です。建物の規模にしては大きなアーチの開口が特徴で、店舗らしい建築と言えるでしょうか。

二階には対称形に縦長の窓が設けられています。狭い方の窓間の壁は小口一〇個分、広い方の窓間は小口一四個分であり、窓の幅は小口八個分に割り付けられています。「イギリス積み」で、窓との納まりには「ようかん」が使われています。

旧福山商会

旧宮崎商館

「イギリス積み」、
「ようかん」納まり

旧宮崎商館正面

2階、縦長の窓

窓周りの石材

堺鉄砲町赤煉瓦館

堺鉄砲町赤煉瓦館は、堺セルロイド株式会社の工場として、一九〇八年に建設された煉瓦造です。ふたつの建築が繋がっていますが、奥が工場で手前が事務所と思われます。現在は耐震補強がなされ、活用されています。

出隅部分は「ようかん」を用いた納まりですが、右と左で、長手の段が同じ段になっています。また、右側の上部では、長手の段の最後に小口が入る段がひとつおきになっており、「オランダ積み」風になっています。意図的であるのかどうかはわかりません。手前の部分は、小口貼りとなっています。この部分の建物の格を上げようとしたのでしょうか。

堺鉄砲町赤煉瓦館

小口貼りの建物

堺鉄砲町赤煉瓦館

出隅部分。長手の段が同じ段となっています

耐震補強と改修

2階の開口部

部分的に修復がなされていますが、少し残念な形になっています

石川県立歴史博物館

石川県立歴史博物館の建物は、一九〇九年から一九一四年にかけて建設された、金沢の陸軍兵器廠の兵器庫でした。その後、金沢美術工芸専門学校として使われていたものを、一九八六年から博物館として使い始めています。

多くの部分は「イギリス積み」ですが、基壇の部分については、焼き過ぎ煉瓦の「小口積み」のパターンとなっています。

三棟のうちの第一棟（一九一四年建設）では、バットレスのような小口五個分の幅の柱型がついています。「七五」を用いた納まりです（写真右中）。

ところが、建物の角の部分では、同じ幅の柱型がすべて、「小口積み」のパターンになっています。（写真右下）長手の段の中央の長手を小口ふたつにしていると見ることもできます。

建物の角の部分を小口で表現したかったのでしょうか。

第二棟は一九一三年の建設で、第一棟とほぼ同じような建築です。

第二棟

石川県立歴史博物館　第一棟

柱型と開口部

小口５個分幅の柱型「イギリス積み」

右側に見られるように、窓間の寸法調整のため、長手の段の中央に小口を挿入した割り付けも見られます

節一棟、小口５個分の柱型、「小口積み」のパターン

これに対し、第三棟は一九〇九年建設の最も古い建築で、妻壁の構成が異なっています。より単純な構成と言ってよいでしょう。

コーナーの部分は、バットレス状の柱型が太くなっていますが、「イギリス積み」の「七五」納まりです。最下段では小口八個分となっています。長手の段は両側が「七五」で中央に小口が配されています。

一九〇九年から一九一四年という五年の時間を経て、建築の妻の部分とコーナーの部分のデザインにどうしてこのような変化が生じたのか、設計者の気持ちを聞いてみたいところです。

第二棟と第三棟の間には、内部で木の柱を支えていた古い煉瓦の基礎が保存展示されています（写真左下）。基本的には「イギリス積み」ですが、小口の半分の大きさで段がつけられているので、煉瓦の積み方を理解することができます。

端部の柱型が太くなっています

第三棟

下部だけの柱型

第三棟の妻面（1909年）

古い煉瓦の基礎の保存展示

棟間に置かれた古い基礎

第二棟の妻面（1913年）

煉瓦造建築の活用、金森赤レンガ倉庫

函館の金森赤レンガ倉庫は、一九八〇年代末に観光資源として衣替えし、煉瓦造倉庫の初期の活用事例として知られています。最初の煉瓦造倉庫は、一八九〇年ごろの建設のようですが、一九〇七年に大火が函館を襲い、一九〇九年に再建されています。

軒を連ねている切妻の倉庫は「イギリス積み」で、出隅は「七五」を用いた納まりになっています。ただ、小口の段がコーナーで連続しています。この時期の倉庫建築によく見られるようですが、教科書通りの煉瓦の積み方とは言えません。

それに対し、より古いと思われる部分は、壁だけが残っていますが、「フレミッシュ積み」となっています。建設年代の違いで積み方が変わっているのでしょうか。かなり補修も行われているようで、どこが当初の煉瓦積みかは不明ですが、丁寧な「フレミッシュ積み」で、出隅部分はやはり「七五」で納められています。

しかし、左ページ左下の写真を見ると、より古く見える上部が「イギリス積み」となっていて、新しく見える下部が「フレミッシュ積み」となっています。修復の際に「フレミッシュ積み」が選

開口部

函館の金森赤レンガ倉庫

隅は「七五」を用いた納まり

「イギリス積み」の壁

金森赤レンガ倉庫側面

択されたのかもしれません。上部の「イギリス積み」も、角の右と左で小口の段、長手の段が連続しています。段が変わるのが正統な「イギリス積み」ですから、当座の修復の仕事だったのかもしれません。

耐火建築を造ることが煉瓦造倉庫の主目的ですから、鉄筋コンクリート造が出現すると、鉄筋コンクリートにとって替わられるのは自然の成り行きだったかもしれません。しかし、このラーメン構造の鉄筋コンクリートでは、観光資源にはなりません。煉瓦造の持つ魅力は、どこがポイントなのでしょうか。

鉄筋コンクリートの倉庫

「フレミッシュ積み」となっている、より古い部分

「七五」納まりの出隅部分

丁寧な「フレミッシュ積み」

三池炭鉱宮原坑と三池炭鉱万田坑

現在、産業遺産となっている多くの施設が、この時期に煉瓦で造られています。福岡県にある三池炭鉱宮原坑は、第一立坑が一八九八年に、第二立坑が一九〇一年に造られました。

積み方は一般的な「イギリス積み」のように見えます。コーナーは「七五」を用いた納まりです。小口六個分の柱型や小口五個分の柱型がありま す。これも一般的と言えるでしょう。ところが、よく見ると小口が二段連続している箇所がありま す。右下の写真のようにそれより上部の長手の段の構成も異なっています。「七五」の使い方が異なっているのです。職人さんの気まぐれの結果なのでしょうか。

三池炭鉱万田坑は、宮原坑より遅れて一九〇八年に建設されています。ここでも、コーナーは小口六個分の柱型でできていて、奥には小口五個分の柱型もあります。柱型の下の方は一般的な積み方なのですが、上の方を見ると、角の左右で、小口の段が連続しているところがあります。

小口が二段連続している箇所がある

三池炭鉱宮原坑

三池炭鉱万田坑

三池炭鉱宮原坑、第二立坑。鋼製の櫓が建っている

万田坑。小口6個分と5個分の柱型

宮原坑の柱型

日本ペイント明治記念館

東京・品川に現存する煉瓦造の日本ペイント明治記念館は、一九〇九年に油・ワニスの工場として建設されたものです。「イギリス積み」で、上部の小さな窓の両側は「七五」を用いた納まりです。下部の大きな扉の左側は「七五」を用いた納まりですが、右側には「ようかん」も見えます。ただ修復されているようであり、定かではありません。

左中の写真の開口部は右側が「七五」で左側は「ようかん」を用いています。

入隅を見ると、小口の段の最後には「ようかん」のように見える部分があります。「キングクローザー」が用いられているのかもしれません。長手の段は、長手でおしまいとなっています。

上部の窓

内部の煉瓦積み

入隅部

日本ペイント明治記念館

下部の扉

旧第九十銀行本店本館

盛岡市に建つ旧第九十銀行本店本館は、現在は「もりおか啄木・賢治青春館」となっていますが、一九一〇年に建設された煉瓦造の銀行建築です。

外壁は小口の表現となっており、化粧貼りですので、煉瓦の積み方という観点からは見るべきところはないのですが、現在は展示施設となっており、内部には構造体としての煉瓦の積み方を見ることができる箇所があります。

右上の写真では、長手の段と小口の段が交互に重ねられている、「イギリス積み」のようですが、よく見ると、長手の段の目地が半分ずれている段があります。

右中の写真の右上の部分には小口の化粧貼りが見えますが、構造躯体の煉瓦の積み方は、かなりラフです。

右下の写真などは、「オランダ積み」に近いと言ってもよいかもしれません。

旧第九十銀行本店本館

「イギリス積み」であるが、ずれている段も

構造躯体の煉瓦の積み方は、かなりラフ

小口の表現の外壁

「オランダ積み」に近い積み方

旧近代美術館工芸館

東京・北の丸に建つ旧近代美術館工芸館は、一九一〇年に近衛師団司令部庁舎として建設されたもので、一九七七年から二〇二〇年まで、近代美術館工芸館として使われていました。

端正な「イギリス積み」の建築で、小口四個分の幅のバットレスの納まりにも「ようかん」が用いられています。狭い窓間も同じく小口四個分で、やはり「ようかん」で納められています（写真左）。

ただし、バットレスの側面は「七五」の納まりで、「ようかん」は用いられていません。バットレス同士は長手の段が連続しているので、入隅は特異な納まりになっています（写真左中）。

右下の写真の窓間は小口一二個分で、「ようかん」を用いた正統的な割り付けになっています。典型的な「イギリス積み」と言ってよいでしょう。

小口4個分のバットレス「ようかん」の納まり

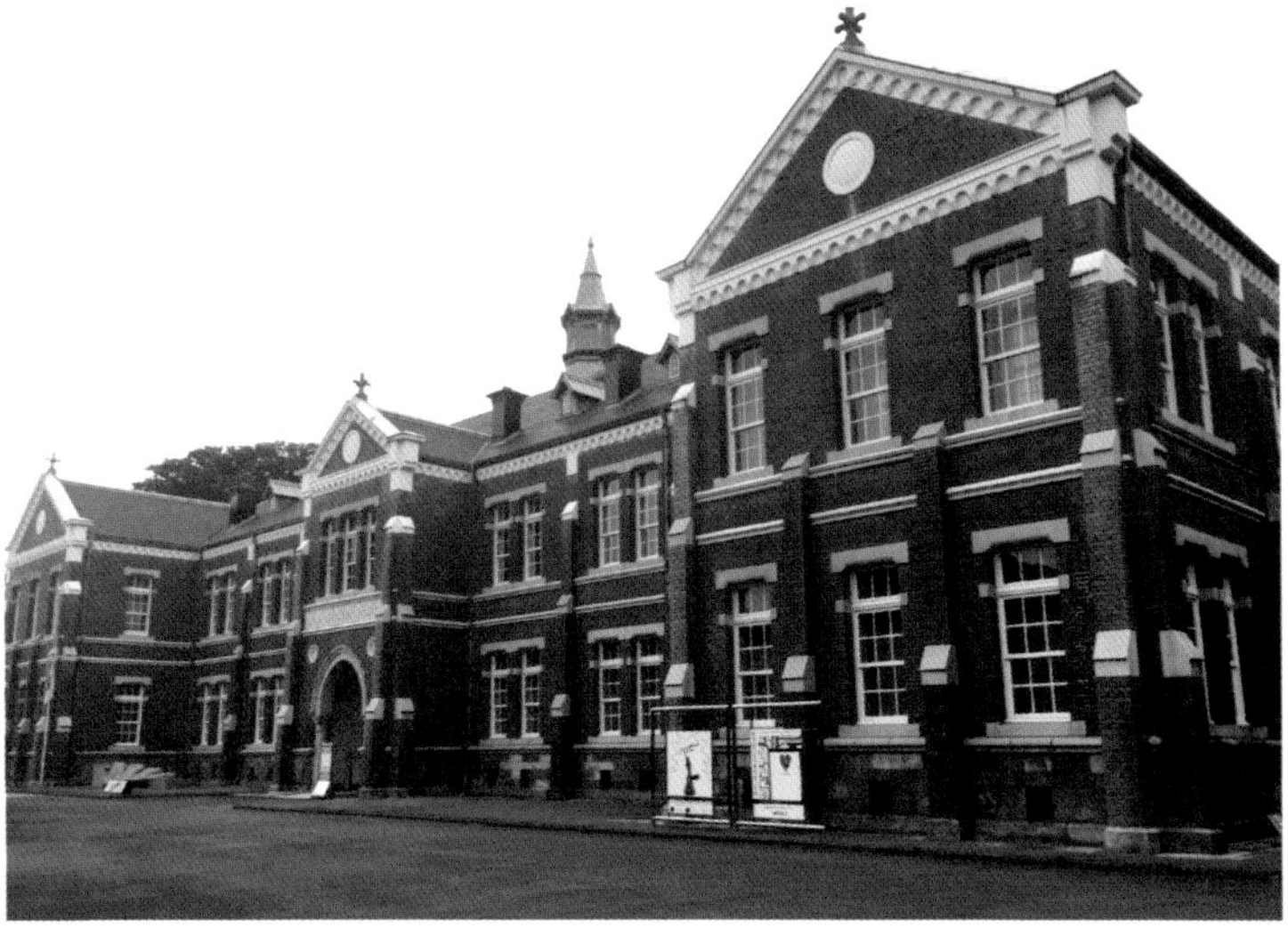

旧近代美術館工芸館（近衛師団司令部庁舎）

側面は「七五」の納まりで、「ようかん」は用いられていません

窓間も同じく小口四個分で、やはり「ようかん」で納められています

窓間は小口12個分で、「ようかん」を用いた正統的な「イギリス積み」

横浜赤レンガ倉庫

首都圏で煉瓦造といえば、まず頭に浮かぶのは、横浜赤レンガ倉庫でしょう。横浜税関の倉庫として、一九一一年から一九一三年にかけて建設されています。明治から大正に移る時代の煉瓦造です。妻木頼黄の設計とされていますが、大蔵省臨時建築部の設計と言った方がよいかもしれません。二〇〇二年までに改修され、現在は横浜の重要な文化・商業・観光施設となっています。

煉瓦の積み方は、明快な「イギリス積み」です。右の写真の窓間は、小口四個分を「七五」で納めています。左の写真の柱型は小口八個分で、端部の納まりはまったく同様です。

実は、一号倉庫の端部だけ「小口積み」になっている部分があります。一九二三年の関東大地震後に建物を縮めて、中間部を外壁にしているので、その改修の際に「小口積み」にしたのでしょう。

横浜赤レンガ倉庫

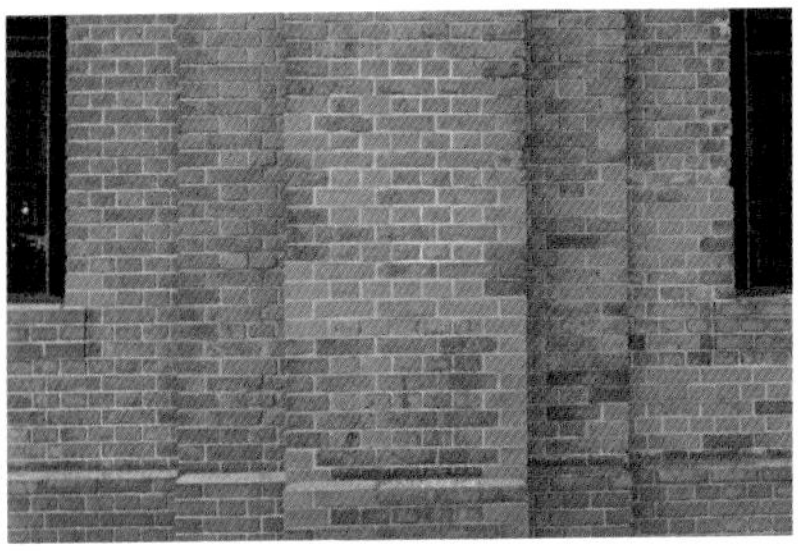
柱型は小口8個分

明快な「イギリス積み」

一号倉庫の小口積みの端部

窓間小口4個分「七五」

右上の写真は、改修工事が行われる前の一九九六年に撮影した写真です。右中の写真の壁は小口五個分ですので、「二枚半の壁」ということになります。当時の床の造り方も見ることができます（写真左下）。小さなヴォールト状の構造の床ですが、鉄材がかなり使われていることがわかります。左中の写真の部分は、コルゲート状の鉄板を小梁に架け渡しています。

現在でも、このバルコニーの床の状況は見ることができます（写真左）。

バルコニーの床は現在でも見ることができます

改修前の室内

改修工事前の赤レンガ倉庫

コルゲート状の鉄板

小口5個分の「2枚半の壁」

当時の床の造り

改修工事直前の状況で、煉瓦の状態に関する調査が書かれているようです

旧門司税関

北九州市にある旧門司税関は一九一二年に建設された煉瓦造です。一九二七年までしか使われず、その後荒廃していましたが、一九九一年から一九九五年にかけて復元・修復がなされました。

外壁は「イギリス積み」です。左上の写真の窓間は小口一二個分となっており、「七五」を用いた納まりです。長手の段の中央に小口を入れていることから、煉瓦の割り付けに留意した設計であることがわかります。

左中の写真の窓間は小口九個分のため、窓との取り合い部分で「七五」が小口の段に入っています。長手の段の端部は小口で納め、中心からずれた位置に小口が入っています。したがって、左右対称にはなっていません。長手の段に「七五」を入れれば、すっきりと納まったと思われます。

左下の写真の窓間は小口三個分で、「七五」ですっきりと納まっています。また、両側の壁は小口七個分の幅で、長手の段の端部に「七五」が入っています。

長手の段の中央に小口を入れている

小口9個分の窓間

小口3個分の窓間

旧門司税関

旧門司税関正面

外壁はかなり傷んでいたため、復元的修復がなされたようですが、内部には当初のものと思われる煉瓦の壁が残っています。現在は、展示施設、カフェ、休憩室、ギャラリーなどとして使われています。右上の写真の黒く抜けているところは、内装工事のための「木煉瓦」の跡ではないでしょうか。かなり大胆なリノベーションが行われ、快適な空間となっています。

建物の解説等では「イギリス積み」とされていますが、左上の写真を見ると中央から上部にかけて、「オランダ積み」になっています。長手の段の目地の位置が揃っているところとずれているところがある積み方はときどき見られますが、この部分は「オランダ積み」と言ってよいでしょう。階段状の目地を見ることができます。

左中の写真は縦の目地が揃っているところが二か所あり、その他は「オランダ積み」です。

左下の写真の部分はすべて「オランダ積み」です。日本の煉瓦造としては、かなり珍しい部類に入るでしょう。

現在では、重要な観光資源です。内部が「オランダ積み」とは思われていませんが。

中央から上部にかけて「オランダ積み」

内装工事のための「木煉瓦」の跡

縦の目地が揃っているところが2か所あり、その他は「オランダ積み」

大胆なリノベーションが行われた快適な空間

すべて「オランダ積み」

金沢市立玉川図書館

金沢市立玉川図書館は、建築家谷口吉郎・吉生父子によって一九七八年に建設された近代建築ですが、その古文書館は、一九一三年に建設された旧日本専売公社のたばこ工場をリノベーションしたものです。

窓の両側が一段下がっていますが、手前の壁は小口一六個分の幅で、小口の段は「七五」で納め、長手の段の端部には小口をふたつ並べています(写真左中)。これは、段差のための納まりでしょう。

工場建築として、規則正しい開口部が並んでいる建築です。

上部の煉瓦

窓廻りが一段下がっています

この部分は改修工事でしょうか、小口貼りになってしまっています

旧日本専売公社のたばこ工場

金沢市立玉川図書館

今村天主堂

今村天主堂は、福岡県中南部の久留米市近郊の大刀洗《たちあらい》町に現存し、教会堂建築を多く手掛けた鉄川与助という大工棟梁によって一九一三年に建てられた煉瓦造の教会です。隠れキリシタンの村に建てられた教会堂で、二〇一五年に国の重要文化財に指定されています。

日本では、双塔を持つ煉瓦造の教会堂はとても珍しいようです。塔の脚部は八角形ですが、「イギリス積み」です。

バットレスは小口四個分の幅で、「七五」を用いた「イギリス積み」ですが、窓周りの上部でアーチを構成する部分は「いも目地」になっています。組積というよりは装飾的な煉瓦の扱いなのでしょう（写真右中）。バットレスの出は小口五個分で、出隅は「七五」を用いた典型的な納まりです（写真右下）。

今村天主堂

今村天主堂

八角形の脚部。
「イギリス積み」

右側の窓周りは
「いも目地」

側面の窓周り

バットレスの
納まり

日本聖公会熊谷聖パウロ教会

埼玉県熊谷市にある日本聖公会熊谷聖パウロ教会は、大正の中ごろ、一九一九年に建てられました。深谷で製造された煉瓦を用いた建築です。

屋根は木材のシザーストラスによる架構で、印象的な内部空間になっています。内部には「長手積み」が現れています。設計者のウィリアム・ウィルソンが米国人のせいでしょうか。

一方、外壁は焼き過ぎ煉瓦の「イギリス積み」となっています。もっとも、基壇部には煉瓦を小端立てにして用いていますので、意匠を重視し、組積造としての積み方のセオリーを無視しているのかもしれません。外壁の隅角部は、「七五」を用いた一般的な納まりのように見えますが、出隅の右と左で、小口の段が連続しています。正統な煉瓦積みとは言えないでしょう。

日本聖公会熊谷聖パウロ教会

シザーストラスによる架構

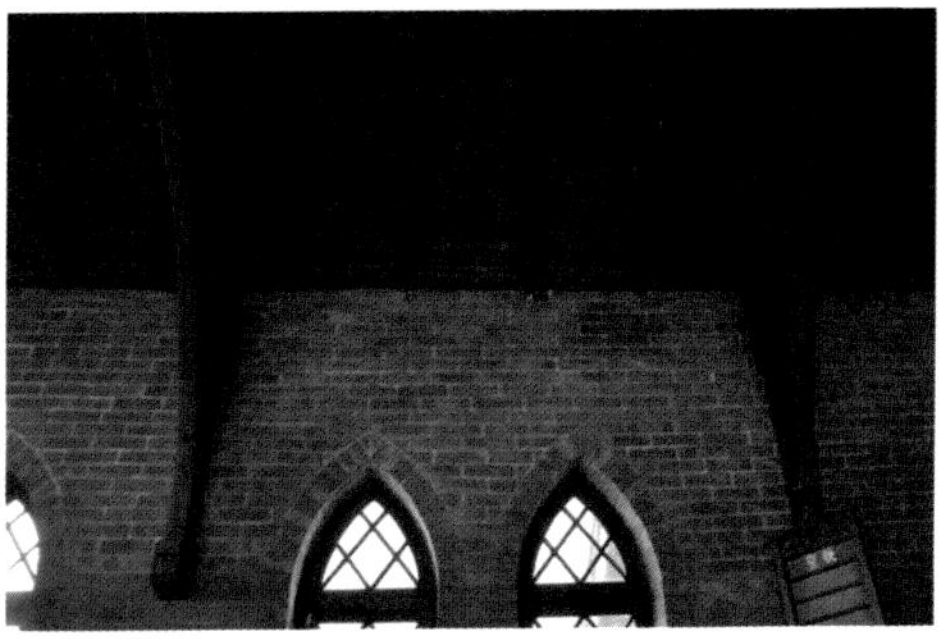
長手積みの内部

焼き過ぎ煉瓦の「イギリス積み」

外壁の隅角部。出隅の右と左で、小口の段が連続しています

バットレスと窓周り

渋沢栄一の誠之堂

誠之堂は、渋沢栄一の喜寿のお祝いとして一九一六年に東京・世田谷区に建てられました。その後、一九九九年に埼玉県深谷市に移築されています。煉瓦造の移築は困難な作業ですが、壁を分割して運ばれたようです。

この時期としては珍しく「フレミッシュ積み」が採用され、煉瓦の色を変えることによって、パターンが浮き出ています。

平屋の小ぶりな建築ですので、構造的にしっかりとした組積を心掛けたというよりは、欧州の田舎家風の建築を、遊び心を加えながら造ったと言った方がよいのかもしれません。喜寿のお祝いということが、妻壁に記されています。

誠之堂

誠之堂

「フレミッシュ積み」

煉瓦の色を変えることによって、パターンが浮き出ている

欧州の田舎家風の建築

「喜寿」と記された妻壁

立教大学本館（モリス館）

東京・池袋にある立教大学本館（モリス館）は、清水組の施工で一九一八年に建設された煉瓦造の建築です。ガーディナーとアメリカの建築事務所による設計ですが、この時期になって再び使われるようになったのでしょうか、「フレミッシュ積み」になっています。

内部の廊下の壁を見ると「フレミッシュ積み」で、端部は「七五」で納めています。下部は小端立ての部分があり、幅木のようになっています。

外壁を見ると、端部の納まりに「ようかん」が用いられています。煉瓦造には蔦（アイビー）が似合います。フレミッシュボンドも適しているかもしれません。

内部の主要室には煉瓦が現れていません。倉庫建築や工場建築と異なり、仕上げを施すのが当然なのでしょう。

内部の廊下の壁

立教大学本館（モリス館）

小端立ての部分

外部の「ようかん」の納まり

蔦の絡まる煉瓦

大阪日本キリスト教団教会

少し後の建築になりますが、一九二二年に建設された大阪日本キリスト教団教会も、「フレミッシュ積み」の煉瓦造です。大正期の雰囲気というのもあるのかもしれません。

左上の写真は小口一六個分の幅ですが、右側は「ようかん」で、左側は「七五」で納めています。「七五」だけで左右対称に納めることが可能だと思われますが、なぜでしょうか。

左中の写真では、小口六個分の窓間を、同じように右側は「ようかん」で、左側は「七五」で納めています。六個分を「フレミッシュ積み」で「七五」だけで納めることは困難です。

小口七個分ですと、「七五」を用いて素直に納めることができます（写真左下）。一〇、一三、一六個分も同じように納めることが可能です。

小口16個分の幅を、右側は「ようかん」、左側は「七五」で納めています

小口6個分の窓間

小口7個分の壁

大阪日本キリスト教団教会

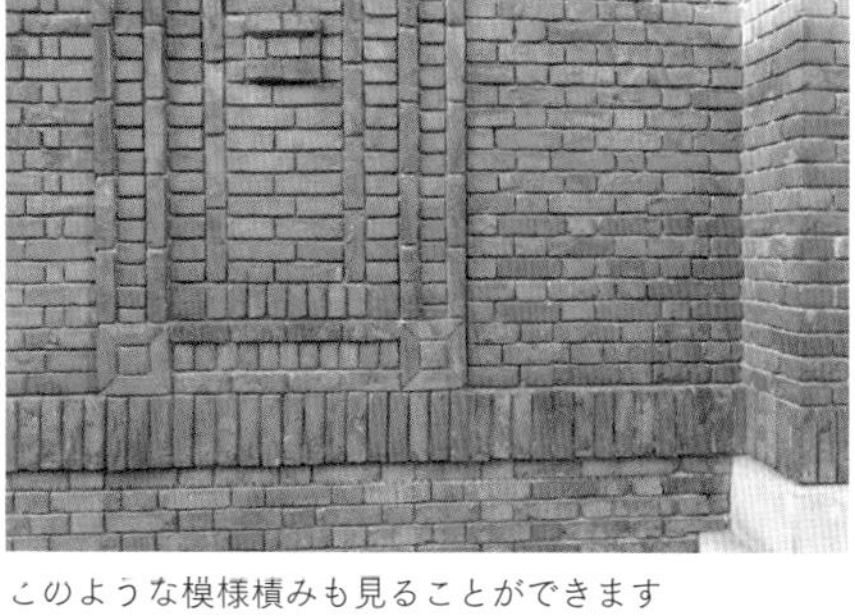

このような模様積みも見ることができます

原爆ドーム

広島の世界文化遺産、原爆ドームは、「広島県物産陳列館」として一九一五年に建設された煉瓦造の建築です。煉瓦は構造軀体として隠れていましたが、現在はその積み方を確認することができます。

写真は、内部の仕上げ材が失われた状態と思われますが、「イギリス積み」で窓際を「七五」で納めている様子が確認できます。窪んでいるところは木煉瓦が入っていたのでしょう。仕上げに隠れてしまう煉瓦積みですが、丁寧に積まれていることがわかります。窓台の高さの部分などに、一部ずれているところを見ることができます。

このような形で煉瓦造が残っているのを見ると、さまざまなことを考えざるをえません。

「イギリス積み」で、全体的に丁寧に積まれています

原爆ドーム

組積造らしい部分

元安川からの眺め

窓際は「七五」で納められています

旧豊多摩刑務所表門

東京・中野区にある旧豊多摩刑務所表門は、司法省の技師だった後藤慶二の設計によって建てられた豊多摩監獄の門です。刑務所本体は取り壊されましたが、表門だけ残っています。一九一五年の建設です。

積み方は、正統的な「イギリス積み」です。小口一一個分の壁は、左右とも「ようかん」を用いた納まりになっています。一方、小口一〇個分の幅の壁では、長手の段の端部に「七五」を配した納まりとなっています。寸法調整のため、両方とも、長手の段に小口をひとつ挿入しています。出隅の左右も正統な「イギリス積み」です。

出隅

窓周り

旧豊多摩刑務所表門

小口11個分の壁

このデザインは、大正期の特徴を示しているといってもよいのではないでしょうか

小口10個分の壁

トヨタ産業技術記念館

名古屋市にあるトヨタ産業技術記念館は、一九一一年に豊田佐吉によって開設された自動織布工場と一九一八年に建てられた煉瓦造の紡績工場を博物館に改修したものです。「動力の庭」と名付けられた外部空間は、もとの紡績工場の跡地のようです。煉瓦の壁には、当初の工場の鋸屋根の跡が見えます。

右の写真の後ろの高い部分は、綿ほこりを吸引した空気を外部に排出するための「塵突」と呼ばれるものだそうです。

左下の写真は別の場所の壁で、「イギリス積み」ですが、誤って修復されたと思われる部分もあります。右下の写真は、「七五」を用いた「イギリス積み」のようですが、部分的に一般的でない積み方も使われているようです。

「動力の庭」。鋸屋根の跡が見えます

トヨタ産業技術記念館

「塵突」

誤って修復されたのではないかと思われる部分

部分的に一般的でない積み方も

境赤レンガ倉庫

群馬県伊勢崎市に残る境赤レンガ倉庫は、一九一九年に繭の保管庫として建設されたものです。この写真は二〇一四年に撮影したものですが、現在は内部に鉄骨で耐震補強がなされ、二〇一七年から市民のイベントホール、ギャラリーとして活用されています。

庇は後付けでしょうが、端正な立面構成です。「イギリス積み」「七五」納まりですが、この窓台は、上段に長手が現れており、少し不思議です（写真左上）。

左中の写真の出隅部分は「ようかん」を用いたり、「七五」を用いたりとバラバラで、上部では不自然な納まりになっています。修復時にこのようになってしまったのかもしれません。

一部には、せん断によると思われるクラックが入っていました。ここの出隅部分は、「七五」を用いた一般的な納まりです。

開口部周り

境赤レンガ倉庫

「ようかん」と「七五」の見られる出隅

端正な立面構成

「七五」を用いた納まり。クラックが見られます

旧吉井酒造煉瓦倉庫

旧吉井酒造煉瓦倉庫は、清酒製造の工場と倉庫として建設されました。一九一三年ごろ、平屋の建築が最初に完成し、二階建ての主要部は、一九二三年ごろに完成したようです。一九九七年ごろまで倉庫として使われていたようですが、二〇一五年に弘前市の所有となりました。大規模な改修が行われ、二〇二〇年に弘前れんが倉庫美術館として開館しています。

柱型がこれほどはっきりと現れているのは、この時代の日本の煉瓦造の特徴でしょうか。

右下の写真は、小さくてわかりにくいですが、入隅の納まりは長手の段の最後が「四分の三」だけ見えている、「イギリス積み」の二枚厚の煉瓦壁の一般的な納まりです。

左の写真の右手の窓間は小口八個分で、「七五」の納まりです。ところが、柱型は長手積みが現れています。壁をふかした結果なのでしょうか。

旧吉井酒造煉瓦倉庫（改修前）

改修前の内部

この端部は「ようかん」を用いて納めています

窓間は小口8個分

「イギリス積み」の二枚厚の煉瓦壁の一般的な納まり

弘前れんが倉庫美術館

旧吉井酒造倉庫を改修して新しく生まれ変わった弘前れんが倉庫美術館は、二階建ての倉庫の妻側に大胆に開口を設け、人を迎え入れるエントランスを創り出しています。そのエントランス部分の煉瓦の用い方は現代的ですが、長方形の煉瓦を積み上げることによって、表情豊かな壁面を創り出しているのは見事です。内部から見ても、一〇〇年前の表情とは明らかに異なります。

外観について見ると、特徴的な柱型や窓間の煉瓦の扱い方は、以前の建物のものがそのまま活かされています。

平屋の棟も美しく復元されていますが、平屋ということもあって柱型はなく、外壁の出隅が「ようかん」で納められている「イギリス積み」の建築です。

エントランスには、長方形の煉瓦を現代的に積み上げています

エントランスの内部

窓間の煉瓦の扱い方もオリジナルのままです

平屋の棟。外壁の出隅の「ようかん」

弘前れんが倉庫美術館（旧吉井酒造煉瓦倉庫）

外観に活かされた特徴的な柱型

同志社大学――煉瓦積みの歴史を見る

彰栄館と礼拝堂

京都の同志社大学の今出川キャンパスには、歴史を刻んできた煉瓦造の建物が何棟も建っています。それらの中には、今まで見てきたものとはまったく異なる積み方のものもあります。

西門に近い位置に建つ「彰栄館」と呼ばれる建物は、一八八四年にダニエル・クロスビー・グリーンの設計によって完成しました。明治一三年ですから、これまで見てきた煉瓦造と比較しても古い部類に入り、国の重要文化財に指定されています。アメリカ外国伝道委員会の寄付によって建設され、そこに所属するアメリカ人のグリーンによって設計されました。そのため、アメリカの煉瓦の積み方で建てられています。

上部が張り出した持ち送りのような積み方や、窓周りの斜めになった煉瓦、そして石材の扱いなど、丁寧にデザインされた建築です。

彰栄館の煉瓦の積み方は、小口の段と長手の段で構成されていることは「イギリス積み」や「オランダ積み」と同様です。しかし、この建築で

アメリカで見られる煉瓦積みのパターンに近い

彰栄館、側面

彰栄館、正面

側面の入り口上部

小口の段と長手の段で構成されています

は、小口の段の上に長手の段が四段重ねられていて、再び小口の段となっています。

　長手の段の四段分を見ると、いわゆる長手積みになっています。長手の段の目地は半分ずれていますが、奥行き方向に見ると幅が揃っていますから「いも目地」になっているはずです。


　彰栄館の隣に建つ「同志社礼拝堂」は、二年遅れて一八八六年に、同じくグリーンによって設計されました。この建物も重要文化財に指定されています。

　同じ設計者なので共通する部分もありますが、この建物では、小口の段の上に長手の段が三段分載り、その上に小口の段が来るという繰り返しです。このような積み方を「コモンボンド」と呼ぶことがあります。「アメリカ積み」という呼称も使われます。

　左下の写真の部分は長手の段を上下で小口の半分だけずらしています。この積み方ですと、「イギリス積み」の小口の段を一段おきに長手の段に置き換えたと見ることができます。入隅の両側で、小口の段が連続していますが、そこは「イギリス積み」とは異なる点と言えるでしょう。

　すでに見てきたいくつかの倉庫建築などに比べると、細部までデザインされ、丁寧に維持管理されてきた「建築」なのでしょう。

同志社礼拝堂

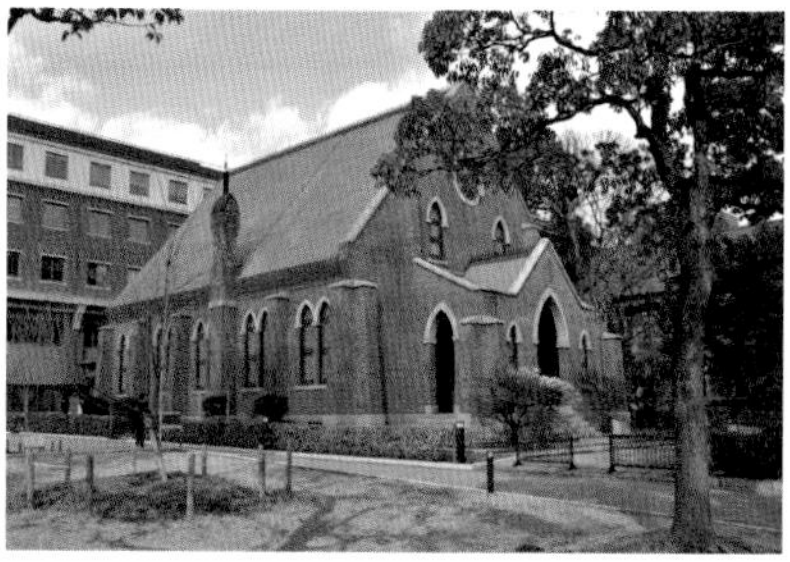
丁寧に維持管理されているようです

入り口上部

入り口脇の壁

長手の段を小口の半分ずらしています

「コモンボンド」と呼ばれることがある「アメリカ積み」

有終館

「有終館」と呼ばれる建築は、同じくグリーンの設計によって一八八七年に図書館として建設されています。

この建築も左下の写真のように「アメリカ積み」で、小口段の上に長手の段が三段載り、再び小口の段が来るという構成です。小口の段の端部は「七五」で納めた部分と、小口・七五・小口の並びで納めた部分とがあります。

図書館という建築の性格からでしょうか、煉瓦を装飾的に配置した部分もあります。上の写真の中央の窓下の部分は「イギリス積み」になっており、その左右の窓下は、「イギリス積み」を四五度傾けたパターンになっています。窓下なので、上部の荷重を受けることがないために、自由にデザインしたのでしょう。

左ページ右上の写真の部分も興味深い積み方がなされています。柱の上部は一枚半の厚さで、長手と小口で構成されていますが、下部の腰の部分の柱型はそれより四分の一だけ太くなっており、長手と「ようかん」と小口で構成されています。

有終館のデザインされた煉瓦パターン

「アメリカ積み」の壁

有終館（図書館）

「コモンボンド」「アメリカ積み」

煉瓦の色を変えた「イギリス積み」

下の左上の写真のように一般部の縦の目地はかなりずれています。煉瓦の大きさの不揃いでしょうか。施工精度も問題でしょう。左下の写真の部分の幅も小口の整数倍ではなく、中途半端な大きさの煉瓦が多用されています。小口の段で「七五」を端部に配置しているところと端部のひとつ前に入れているところがあるのはなぜでしょうか。

左の写真は同志社の建築ではなく、アメリカのシカゴで撮影したものです。「コモンボンド」「アメリカ積み」の典型的なパターンと言ってよいでしょう。

「コモンボンド」「アメリカ積み」の典型的なパターン（シカゴの建築）

縦の目地はかなりずれています

入り口の柱状の煉瓦

小口の段の納まりはさまざま

上の足元部分

小口の整数倍ではなく、中途半端な大きさの煉瓦が多用されています

定礎石に起工の年が刻まれています

ハリス理化学館

「ハリス理化学館」は、英国王立建築家協会正会員の建築家であるアレクサンダー・ネルソン・ハンセルの設計によって、一八九〇年に竣工した重要文化財です。

外壁の隅角部ではなく、窓周りに石材が配されています。積み方は、明快な「イギリス積み」で出隅は「ようかん」で納めています。同志社大学の中にあって、イギリス人の設計ならではと言えるでしょう。玄関ポーチの柱にも「ようかん」が使われています。

壁の出隅の部分も、典型的な「イギリス積み」です。角の左右で、小口の段と長手の段がずれていることがわかります。小口の段の最後には「ようかん」が挿入され、その隣に、もう一方の壁面の長手の段の最後の煉瓦の小口が見えることになります。

ハリス理化学館

窓周りの石材

出隅ではなく窓周りに配された石材

玄関ポーチ

玄関ポーチの柱には「ようかん」が

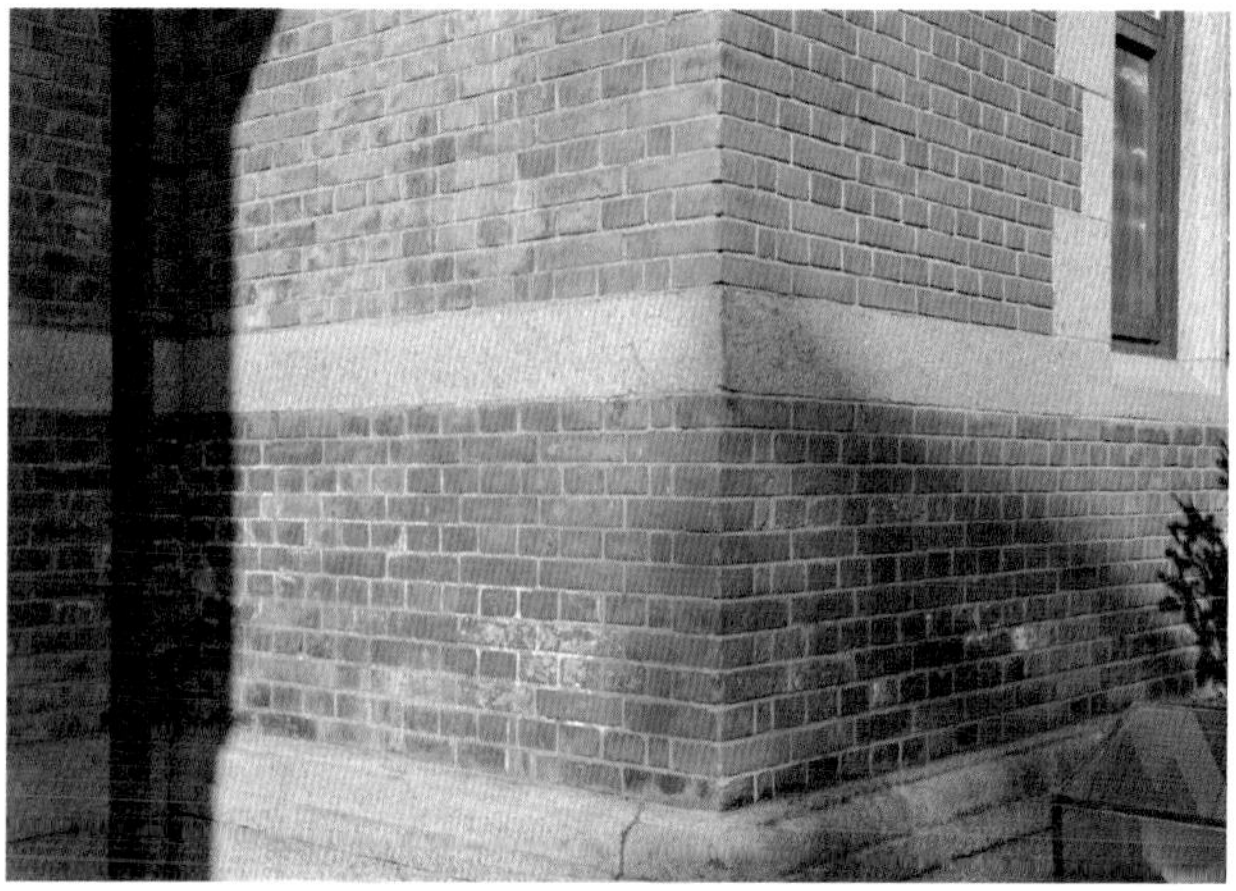

出隅の部分も、典型的な「イギリス積み」です

クラーク記念館

「クラーク記念館」は少し遅れて、一八九四年にドイツ人建築家リヒャルト・ゼールの設計によって建設されました。定礎石には、着工年である明治二五年が刻まれています。この建物も国の重要文化財です。

石材との取り合いも考慮された「イギリス積み」で、コーナーには「七五」が用いられています。

一方、右下の窓周りの納まりには「ようかん」が用いられています。繰り返しになりますが、このように、端部に「ようかん」を用いるか「七五」を用いるかによって「〇〇積み」という区別をするのは適切ではないでしょう。むしろ、煉瓦の割り付けを前提とした窓配置などの立面設計が行われているかどうかによって、納まりが異なると考えてよいでしょう。

左下の写真の部分の窓間は、小口一六・五個分となっていますが、左側の小口の寸法などが微妙に不揃いです。長手の段については、左側が「七五」と「小口」を用いて納めていますが、右側は小口ふたつを並べて納めています。ひとつ手前の小口が少し大きめですから、長手ひとつ分ではわずかに短かったのでしょう。窓の位置が煉瓦の配列を軽視することになったのでしょうか。石材の加工が煉瓦寸法とずれていたのかもしれません。

クラーク記念館

「明治二十五年」と書かれた定礎石

コーナーには「七五」が用いられています

小口16.5個分の窓間

窓周りの納まりには「ようかん」が用いられています

啓明館

「啓明館」と呼ばれる建物は、ウィリアムズ・メレル・ヴォーリーズの設計によるものです。建設は比較的新しく一九二〇年で、鉄筋コンクリートも用いられているようです。

「イギリス積み」のパターンで、小口六個分の柱型は、小口の段が七五で納められています。

右中の写真の部分などは、目地が通った使い方をしていたり、装飾的なアーチパターンが描かれたりしています。鉄筋コンクリートの時代への過渡期と言えるでしょう。

右下の写真のように長手を縦に使った部分なども見られ、組積造とは言えないかもしれません。かなり装飾的な扱いがされていることがわかります。

登録文化財ですが、同志社大学のそれまでの建築と比べると、かなり自由に設計されていることが感じられます。それまでの建築との調和も考慮したのではないでしょうか。

啓明館

小口６個分の柱型は、小口の段が七五で納められています

自由なパターン

装飾的な扱いの立面

長手を縦に使った部分なども見られます

同志社女子大学ジェームズ館

同志社大学の隣に位置する同志社女子大学にも、煉瓦造の貴重な建物が残っています。ジェームズ館は、京都帝国大学の教授になった武田五一の設計で一九一四年に建設されています。

煉瓦はたいへん丁寧に積まれており、端部の納まりも「七五」を用いているなど優等生的な仕上がりです。

石材で張り出したバルコニーは、煉瓦造の建築としては大胆に構築されており、二階の窓脇の壁は組積造を崩したパターンが用いられています。

石材で張り出したバルコニー

同志社女子大学ジェームズ館

石材が連続する窓台

丁寧に積まれた煉瓦造

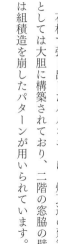

辰野金吾と小口積み

東京駅丸の内駅舎

東京駅丸の内口の駅舎は、煉瓦建築の代表例と言ってもよいかもしれません。辰野金吾の設計です。設計期間は長かったのですが、完成した一九一四年は、世の中の大規模建築の構造が大きく変わる時期でした。東京駅も鉄骨と煉瓦を組み合わせた構造です。また、床などには鉄筋コンクリートも用いられたようです。

外壁は、構造軀体の煉瓦の上に貼った、薄い小口煉瓦と石材を組み合わせた表現で、その後弟子たちによって引き継がれ、「辰野式」と呼ばれることもあります。石材と煉瓦を組み合わせた外壁の表現は、イギリスなどにも見られるものです。しかし、煉瓦の部分は、日本の建築の柱に囲まれた土壁のような要素であり、「イギリス積み」などの組積的な表現よりは、小口を並べたパターンが向いているのでしょう。石材のない出隅の部分では、東京駅の場合、「七五」ではなく、小口の半分の大きさで納められています。

東京駅丸の内駅舎

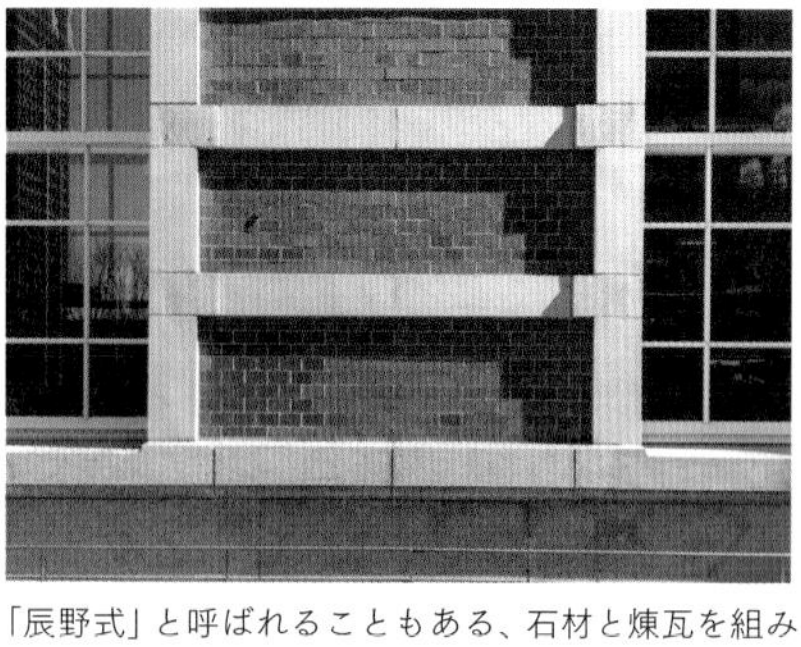

「辰野式」と呼ばれることもある、石材と煉瓦を組み合わせた外壁の小口煉瓦の表現

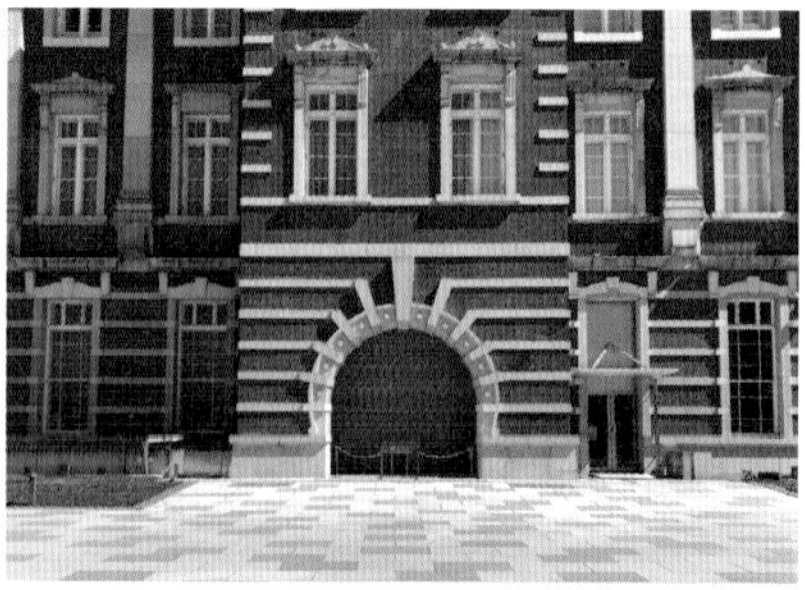

石材と煉瓦の組み合わせ

この小口の表現は、小口の大きさの薄い煉瓦を、躯体の煉瓦壁に貼り付けて造られているのですから、小口積みというよりは小口貼りと言った方が適切かもしれません。

躯体としての煉瓦積みは、本来は現れていません。ですが、大改修が行われた東京駅の内部に、躯体壁としての煉瓦積みを見ることができる場所が用意されています。

左上の写真は改修工事中のものですが、かなりラフな施工で「イギリス積み」の壁が構築されています。ただ、この写真の中央のあたりの段では、長手の段の縦の目地がずれています。「オランダ積み」的な部分もあることになります。また、長手の段が上下に連続している部分もあるようです。

東京駅は煉瓦と鉄骨のハイブリッド構造です。二〇〇七年から二〇一二年にかけての復原工事の際には、鉄骨の柱と煉瓦の取り合いが確認されています。その復原工事では、戦災で失われていた南北のドーム天井が見事に蘇っています。

ステーションギャラリーの内部にも、躯体煉瓦を見ることのできる場所があります。木煉瓦の状況などを確認できますが、木煉瓦の挿入のために目地がずれているところもあるようです。また、長手の段が重なっている部分もあります。

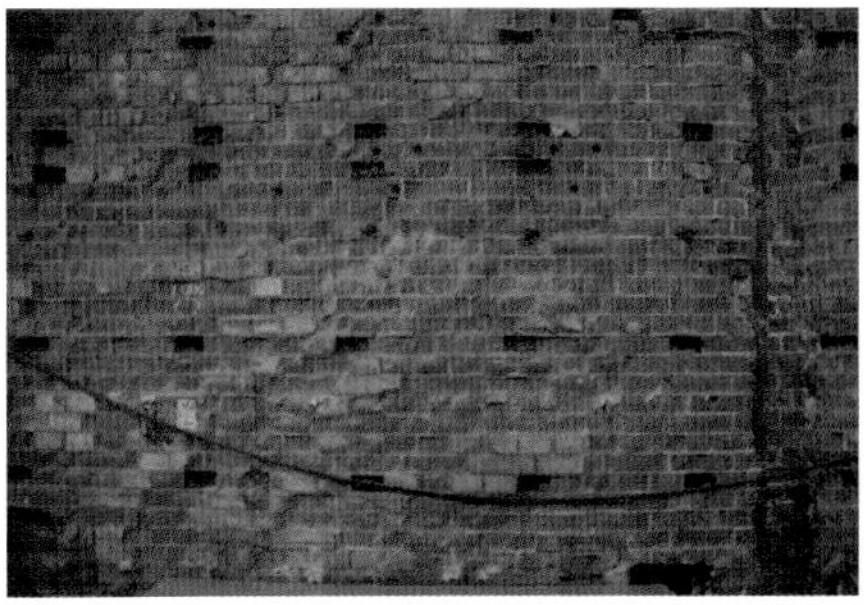

躯体壁としての煉瓦積み

黒く見えているところは、内装を取り付けるために埋められていた木煉瓦の跡でしょう

鉄骨の柱と煉瓦の取り合い

かなりラフな施工

丸の内駅前広場から見る

戦災で失われていた南北のドーム天井が見事に復原

福岡赤煉瓦文化館

福岡市の中心部に建つ福岡赤煉瓦文化館は、一九〇九年に日本生命保険株式会社九州支店として建設された煉瓦造で、東京駅と同じく、辰野金吾による設計です。

東京駅と同様に、外壁は小口貼りとなっていますが、東京駅とは異なり、出隅の部分は「七五」で納められています（写真右下）。その方が自然な納まりですが、薄い煉瓦で造るのは難しいですから、どのように積まれているのでしょうか。

赤煉瓦文化館の脇に建つ付属棟は同様に煉瓦造で、「イギリス積み」のパターンが現れています（写真左上）。実用的な建物ということで、化粧煉瓦が貼られていないのでしょう。

窓台と楣石《まぐさ》の大きさは、煉瓦の割り付けに合わせて決められています。窓周りには「七五」を用いていますが、窓間が小口五・五個分と整数でないので、非対称の割り付けになっています。窓の幅は小口五個分とすっきりしています（写真左下）。

付属棟は「イギリス積み」の煉瓦造

福岡赤煉瓦文化館

出隅で長手の段が連続している「イギリス積み」

窓台と楣石の大きさは、煉瓦の割り付けに合わせて決められています

東京駅と同じく外壁は小口貼りとなっていますが、出隅の部分は「七五」で納められています

京都文化博物館別館と岩手銀行赤レンガ館

京都文化博物館の別館は、一九〇六年に日本銀行京都支店として建てられた建築で、辰野金吾と長野宇平治によって設計されました。同じように、線状の花崗岩と煉瓦の小口貼りを組み合わせたデザインです。

出隅には「七五」が用いられています（写真右下）。なお、この目地は、断面が丸くなっており、「覆輪目地」と呼ばれます。この時代の日本の煉瓦造によく見られる目地の形状です。

岩手銀行赤レンガ館は、一九一一年に盛岡銀行の本店として、辰野金吾の設計で完成しました。左下の写真は、二〇一二年に銀行としての利用が終わる直前の写真です。現在は、重要文化財の展示施設、多目的ホールとなっています。

やはり、小口煉瓦貼りと石材を組み合わせた意匠ですが、出隅の納まりは、東京駅と同じく、小口の半分を用いて納めています（写真左中）。東京駅と同じ考え方で、設計時期が同じなのかもしれません。

岩手銀行赤レンガ館

京都文化博物館別館（旧日本銀行京都支店）

旧盛岡銀行

旧日本銀行京都支店

岩手銀行赤レンガ館

「覆輪目地」と呼ばれる、断面が丸くなった目地

大阪教育生命保険ビルと旧高岡共立銀行

大坂の北浜に建つこの建物は、大阪教育生命保険（日本教育生命保険ビルとも言われているようです）の建物として、やはり辰野金吾の設計によって一九一二年に建てられています。その後、さまざまな用途に用いられていました。

石材と煉瓦の小口貼りと石材の組み合わせで、窓際の納め方も、小口の半分の大きさを用いています（写真右下）。これも東京駅と同時期の設計です。

旧高岡共立銀行は、一九一五年に富山県の高岡市に建てられた煉瓦造です。清水組（現在の清水建設）の技師長だった田辺淳吉の設計で、辰野金吾の監修を受けたとも言われています。富山銀行の本店として二〇〇九年まで使われていました。

煉瓦は小口貼りで、石材も多用されています。端部の納まりには小口の半分が用いられています。この時期の辰野式と言ってよいでしょう。

旧高岡共立銀行

大阪教育生命保険ビル（日本教育生命保険ビル）

窓周りの石材が特徴的です

石材と煉瓦の小口貼りと石材の組み合わせ

煉瓦は小口貼りで、石材も多用されています

小口貼りで端部は小口の半分

大阪市中央公会堂

大阪市中央公会堂は、建築設計競技によって選ばれた建築家・岡田信一郎の案で一九一八年に建設されました。実施設計を行ったのは、辰野金吾です。全体の印象は他の辰野建築とは異なりますが、細部は辰野金吾らしい石材と小口煉瓦貼りの建築です。

石材との取り合い部では、小口の半分の大きさの煉瓦が貼られています（写真左上）。外壁は小口貼りですが、内部の煉瓦壁は一般的な「イギリス積み」です（写真左中）。

耐震性に懸念がある煉瓦造のため、「免震レトロフィット」と呼ばれる、ゴム支承で建物全体を支える免震構造化が一九九八年に行われ、二〇〇二年に改修工事が終了しています。

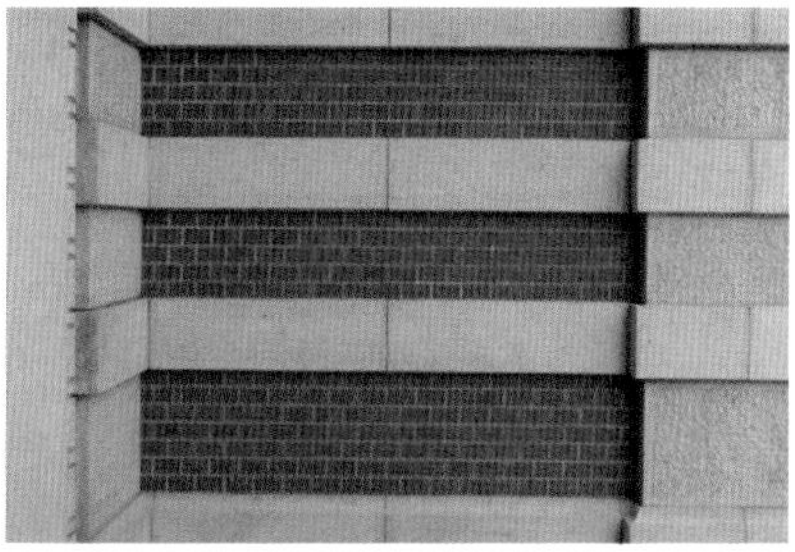

細部は辰野金吾らしい石材と小口煉瓦貼り

大阪市中央公会堂

内部の煉瓦壁は「イギリス積み」

これも大阪市民に愛されている、大正時代の「赤レンガ」です

特徴的な石材の配置

辰野金吾と小口積み

法務省旧本館

法務省旧本館は、旧司法省庁舎として一八九五年に東京・霞が関に建てられています。設計したのはお雇い外国人のエンデとベックマンという、ふたりのドイツ人建築家ですが、実施設計は河合浩蔵という、ドイツに留学しエンデ・ベックマン事務所に勤務したことのある建築家が担当しています。辰野金吾の三年後輩にあたります。

煉瓦部分は小口積みであり、小口積みが「ドイツ積み」と呼ばれることと関係があるかもしれません。

煉瓦貼りの出隅の部分には、「七五」の大きさが用いられています（写真左下）。小口の半分で納めるよりは、この方が煉瓦造としては自然に感じられます。

この建築も鉄材で補強されていて、関東大震災でも被害がなかったようです。第二次世界大戦の際には空襲でかなり破壊されたようですが、文化財として改修工事がなされています。

霞が関に残る歴史的建造物です。

法務省旧本館

正面入り口

北翼部分

石材と煉瓦の出隅

煉瓦部分は小口積み

「七五」を用いた出隅の納まり

大政商店本庄支店

化粧煉瓦貼りではなく、小口が連続する煉瓦積みは、小規模の建築には見られるようです。煉瓦造が多く残る埼玉北部や群馬南部の建築の中には、そのようなものも見ることができます。この建築は一九二〇年の建設で、大政商店本庄支店と呼ばれるものです。

平側に大きな開口を持つ木造の商店建築の妻面を煉瓦壁にしています。

壁の厚さは一枚半、すなわち小口三個分です。出隅には「七五」が用いられています。壁の中を見ることはできませんが、「七五」の煉瓦を多用して壁体を構築しているのでしょうか。妻側の開口部は少なく、蔵の扉のようなものが付いています。

また、近くには、小口積みの煉瓦塀や、煉瓦造の蔵があります（写真左中、左下）。出隅には「七五」の煉瓦が用いられています。

表面に小さな開口部

大政商店本庄支店

近隣の小口積みの煉瓦塀

平側の開口部

近隣の煉瓦造の蔵

開口部の納まり

さまざまな煉瓦造

菊川赤レンガ倉庫

静岡県菊川市にある菊川赤レンガ倉庫は、一九〇〇年に製茶工場として建てられたと言われている煉瓦造です。周辺の区画整理と耐震性の問題から、一時は解体の危機にありました。現在、保存活動が実を結び、国の登録文化財になっています。今まで見てきた煉瓦倉庫などとあまり変わりないように見えるかもしれませんが、大きな違いがあります。何が違うかというと積み方です。表面のパターンが「オランダ積み」なのです。日本では数少ない実例と言ってよいでしょう。

国内の煉瓦造で、観光案内等に「オランダ積み」と書かれているものは多いのですが、そのほとんどは「オランダ積み」ではありません。昭和初期からの建築教育における間違いのため、誤った認識が広まったのです。読者の皆さんは最初にオランダに行ったので、おわかりになるでしょう。長手の段の縦目地が上下でずれているのが「オランダ積み」なのです。

菊川赤レンガ倉庫

「オランダ積み」のパターン

内部でも積み方を確認することができます。右上の写真では、中央の上部に右斜め上から左下にかけて、目地に割れが生じています。斜めせん断クラックです。「オランダ積み」が横方向の力に弱いことが表れています。また、入隅の両側で長手の段は長手の段、小口の段は小口の段と、連続しています。ですので、正統な「オランダ積み」であるとは言わない方がよいかもしれません（写真右中）。

基壇部の焼き過ぎ煉瓦についても、長手の段の縦目地が上下でずれています（写真右下）。少なくとも、表面上のパターンは「オランダ積み」です。

正統な「オランダ積み」ではありませんが、日本に現存する、貴重な「オランダ積み」と言ってよいでしょう。

小口４個分の柱型

斜めせん断クラック

菊川赤レンガ倉庫

入隅部分

柱型と開口部

基壇部の焼き過ぎ煉瓦についても、長手の段の縦目地が上下でずれています

前橋刑務所

前橋市には、長大な煉瓦の塀が残る前橋刑務所があります。一八八九年の建設と言われていますから、現存する煉瓦構造物としては古いものと言ってよいでしょう。この建物も貴重な「オランダ積み」の事例といえます。

バットレスがリズミカルに設置された煉瓦の塀が見えます。この煉瓦の積み方が、長手の段の縦目地がずれている「オランダ積み」なのです。バットレスの幅は小口五個分なので、写真のような納まりとなっており、この部分は「オランダ積み」らしくないかもしれません。

バットレスの側面を見ると、長手の段の縦の目地がずれているのがわかります。「オランダ積み」と言ってよいでしょう。周囲には堀がめぐらされており、ヨーロッパの城塞のような雰囲気もあります。

正面玄関の周りでも、煉瓦の積み方を確認することができます。現役の刑務所の正門ですので近づきがたいですが、煉瓦の積み方を詳細に確認することができます。もっとも、部分的に修復されているので、注意深く見なくてはなりません。正門の両脇の壁は階段状に目地が連続しているので、「オランダ積み」であることがはっきりとわかります。

前橋刑務所

長手の段の縦目地がずれている正統な「オランダ積み」

煉瓦によるバットレス

バットレスがリズミカルに設置されています

小口5個分のバットレス

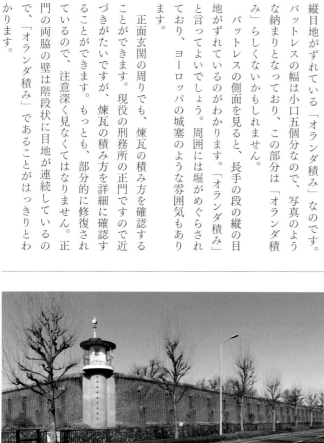

一方、アーチ状の門の袖壁は、「イギリス積み」になっています。明らかに新しく修復された部分ですので、「オランダ積み」であることを理解しないで行われたのでしょう。

玄関脇の壁

正面玄関

旧司法省庁舎の躯体は、正統な「オランダ積み」

前に行ってみた東京・霞が関の旧司法省庁舎(法務省旧本館、212ページ)は、外観は小口積みですが、内部を見学することができ、仕上げを剥がした構造躯体の煉瓦壁を見ることができます。なんと、正統な「オランダ積み」なのです。エンデとベックマンはベルリンの建築家ですから、その設計が「オランダ積み」になっていることは納得がいきます。前橋刑務所も司法省の建築ですから、それが引き継がれているのかもしれません。

明確な「オランダ積み」

仕上げが剥がされた躯体壁

開口部上部の煉瓦

網走刑務所と博物館網走監獄

前橋刑務所とほぼ同じ時期の一八九〇年に建設された北海道・網走刑務所は、「イギリス積み」となっています。表門と塀は外から見ることができますが、やはり近づきがたいですね。

しかし、網走刑務所は、今や観光地であり、別の場所に博物館網走監獄というレプリカとしての建築がかなり忠実に造られています。また、一部が移転保存されていますので、当初の煉瓦の積み方も見ることができます。

博物館網走監獄。保存された当時の積み方

網走刑務所

網走刑務所

博物館網走監獄

「イギリス積み」

博物館網走監獄

赤門書庫

東京・本郷の東京大学赤門の近くに「赤門書庫」と呼ばれる建物があります。文科大学史料編纂掛の書庫として一九一六年に建設されたもので、煉瓦造としては新しいものです。

「イギリス積み」で、出隅の左右での長手の段と小口の段の関係も正統です。出隅は「七五」で納められているので、戦後の間違った呼び方で言えば「オランダ積み」ですが、「イギリス積み」を正しく理解して建てられています。煉瓦の積み方の優等生といってよいでしょう。

その最も優等生たるところは、窓周りの納まりです。窓の間の壁の幅は小口八個分で、長手の段は長手四個、小口の段は「ようかん」を入れた典型的な「イギリス積み」となっています。そして、窓の幅は小口六個分で、楣石《まぐさ》の長さが小口八個分なのです。煉瓦の大きさを単位（モデュール）として美しく割り付けられた立面構成となっている建築です。

楣石の厚さも煉瓦三枚分と、高さ方向に関しても煉瓦の大きさを単位とした設計がなされています。煉瓦造でこれほどまでに几帳面に設計された建築は、世界のなかでも珍しいのではないでしょうか。律義な日本の設計者が、煉瓦積みの発祥の地から遠く離れて、このような建築を生み出したことは、誇りに思ってよいと思います。

赤門書庫

「イギリス積み」を正しく理解した、煉瓦の積み方の優等生

出隅と窓周り

煉瓦造でこれほどまでに几帳面に設計された建築は、世界のなかでも珍しいのでは

「ようかん」を用いた窓周りと出隅

三菱一号館美術館

さて、東京の丸の内には、三菱一号館美術館と呼ばれる建築があります。もともとはこの地に「第一号館」と呼ばれる建築が建っていました。一八八四年に、ジョサイア・コンドルの設計のもと、曾禰達蔵などによって建設された、煉瓦造の貸しオフィスです。明治一七年ですから、できたときは「一丁倫敦」と呼ばれ、まったく新しい景観が出現したものでした。ところが、周囲の丸の内オフィス街の改築の波の中で、一九六八年に解体されてしまいました。大変残念なことでしたが、時代が移り、同じ三菱地所によって二〇〇九年に復元建設されたのです。忠実な復元がなされたので、当初の煉瓦造はこのようなものだったのかと確認することができます。

出隅には石材が配されていますが、正統な「イギリス積み」であることは当然でしょう。もっとも、窓周りの納まりは、「ようかん」を用いた部分と「七五」を用いた部分とがあります。

資料が不足していた部分もあるようで、かならずしも当初の煉瓦の積み方になっているのかどうかはわかりませんが、煉瓦の積み方を知るためには、格好の教材となっています。博物館として使われているので、復元された内部の煉瓦の積み方

窓周りの納まりは、「ようかん」と「七五」の両方が用いられています

三菱一号館美術館

石材による窓台

出隅の納まり

復元された室内

を見ることもできます。

二一世紀に入ってからの復元建設ですから、工事中の煉瓦を積む様子の写真もあります。復元にせよ、現在でもわが国でこのように煉瓦を積むことができるということは、煉瓦造というものが普遍的な建築技術であると言ってよいのではないでしょうか。

復元工事中の写真

煉瓦積み工事

復元された立面

戦後の煉瓦造
野幌新栄団地

耐火建築物が鉄筋コンクリート造に移行した後にも、煉瓦造は細々と建てられ続けていました。特に北海道では、第二次世界大戦後も煉瓦造の住宅が建てられていました。比較的遅くまで煉瓦を製造していた工場があった北海道の江別市の辺りには、煉瓦造が残っています。野幌新栄団地という公営住宅は、1962年の建設で、平屋の長屋建て住宅です。

「イギリス積み」ですが、出隅の左右で長手の段が揃っています。平屋に軽い屋根が載っている建築ですから、壁もそれほど厚くはなく、正統な「イギリス積み」とする必要もなかったのでしょう。

このような建築は、現在求められる断熱性の点からも、北海道の住宅として十分な性能とは言えませんから、使い続けることは難しいと言わざるをえません。しかし、第二次世界大戦後も煉瓦造が建てられていたというのは嬉しい話です。

旧富岡製糸場、ふたたび

逆に古い煉瓦造と言えば、世界文化遺産となった旧富岡製糸場（群馬県）を思い浮かべる方も少なくないでしょう。一八七二年の建設ですから、現存する日本の煉瓦造としては極めて古く、煉瓦造を語るときには必ず出てきます。

その煉瓦のパターンは「フランス積み」と説明されることが多いですが、「フレミッシュ積み」のパターンです。しかし、「フレミッシュ積み」と言うのも適切ではないかもしれません。

富岡製糸場の工場建築は、「木骨煉瓦造」と言って、木造であり煉瓦造ではありません。柱梁の木造建築で、柱の間の壁を古来の小舞を組む土塗り壁とする代わりに煉瓦を積んだものなのです。専門用語でいうと「帳壁」として煉瓦を積んだもので、厚さも「一枚」という二〇センチメートル強のはずです。

一枚の厚さですすと、フレミッシュパターンで積むことは極めて容易です。「イギリス積み」や「オランダ積み」にしても同様ですが、柱の間を埋めているので、出隅がないのですから、見た目のパターンでフレミッシュが用いられているのでしょうか。

旧富岡製糸場

「明治五年」という文字が彫られています

多少ずれている「フレミッシュパターン」

正確には「木骨煉瓦造」

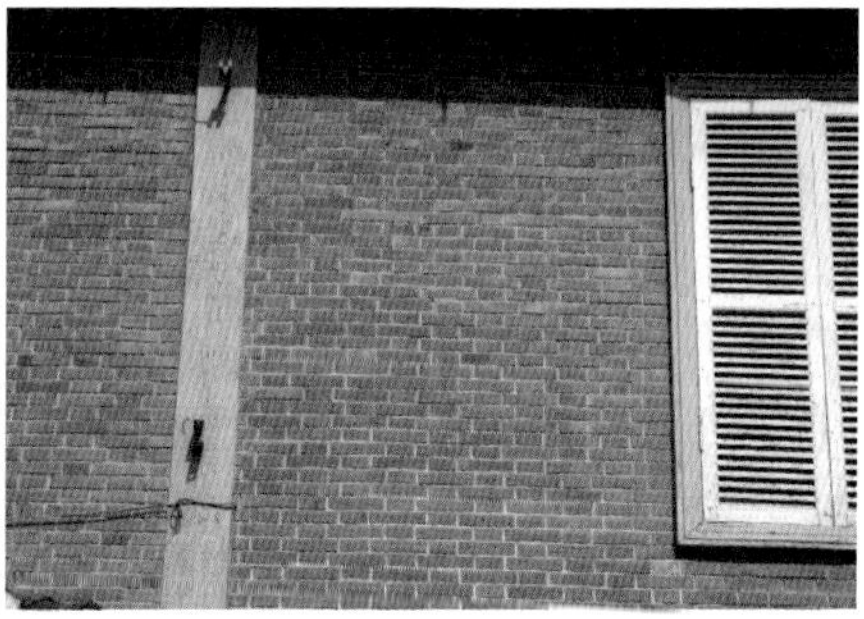

木材の柱の間の煉瓦壁

小石川植物園

東京・小石川にある東京大学の植物園は、もともとは江戸幕府によって造られた小石川御薬園です。一六八四年に遡ることのできる施設であり、小石川養生所があったことでも有名です。一八七七年に東京大学法理文三学部の附属施設として植物園がスタートしました。そこに一九〇〇年ごろに建設された温室がありましたが、その基礎が煉瓦造だったようです。この温室は現在に至るまでに地上部が改築されましたが、煉瓦の基礎はそのまま使用されていました。

近年の建て替えにあたり、二〇一四年から二〇一八年に発掘調査が行われました。旧温室の基礎もむき出しにされたため、煉瓦の積み方を確認することができました。北西の角の部分は、納まりに「ようかん」を用いた、正しい「イギリス積み」で施工されています。

ところが、中央部分に向かうにしたがって、正確ではなくなり、「オランダ積み」的な部分も見ることができます。さらに東南に進むと、下部の方は目地を揃えて煉瓦を積んでしまっています。上部は「オランダ積み」ですが。基礎の下の方ですので、土の中に埋められてしまうので監督の目が届かない間にこのような施工をしてしまったのではないでしょうか。一〇〇年経って掘り起こされるとは思わなかったのでしょう。

なお、これらの旧温室の煉瓦基礎は一部が保存され、新しい温室内で見ることが可能です。

東京大学、小石川植物園旧温室正面中央

発掘調査が行われ、温室の基礎がむき出しに

角は正しい「イギリス積み」ですが…

中央部分に向かうにしたがって、正確ではなくなります

「オランダ積み」のような部分もあります

土の中に埋められてしまうからでしょうか

ハウステンボス——旅の終わりに

パレスハウステンボス宮殿の忠実な再現

煉瓦の旅の終わりは、九州のハウステンボスです。この街は、一九九二年に佐世保に建設されました。時代に先駆けて、環境共生の街を目指しており、単なるテーマパークの域を超えた素晴らしい建築群です。煉瓦による組積造ではありませんが、その外観は、忠実にオランダの建築を表現するものとなっています。外壁の煉瓦のパターンも、オランダにおける煉瓦積みを再現していますす。どのようなパターンになっているのか、実際に確かめに行きましょう。

ハウステンボスのいちばん奥にある「パレスハウステンボス」は、デン・ハーグにあるオランダ王室の宮殿「ハイステンボス宮殿」を模したものです。その煉瓦のパターンは、もちろん「オランダ積み」です。そして、正面の建築は出隅や窓周りが「ようかん」を用いた納まりとなってい

パレスハウステンボス

宮殿前の木立

ます。

オランダを旅したとき、ハーグの宮殿は見ていませんが、アペルドールンの夏の離宮「ヘット・ロー」を訪れました。そのパターンとほぼ同じです。煉瓦の色も似ています。オランダの宮殿の標準的な造り方なのでしょうか（二〇ページ）。

宮殿の奥には、フランス式の庭園が広がっています。こちら側の煉瓦の積み方も、もちろん「オランダ積み」です。しかし、出隅は「七五」を用いて納めています。

この建築は、オランダの宮殿を忠実に模していると言われていますから表側と裏側で、異なる納まりを使っていることになります。出隅の両側で、長手の段と小口の段が入れ替わっているのは共通しています。教科書通りの積み方といえるでしょう。

宮殿の前の木立も、アペルドールンの離宮ヘット・ローと雰囲気が似ています。

正統な「オランダ積み」

「ようかん」を用いた出隅、窓周りの納まり

「七五」を用いた出隅の納まり

夕方の雰囲気もなかなかのもの

宮殿の奥に広がる庭園

ハウステンボスに建つ建物たち

ハウステンボスのいくつかの建築は、本国のオランダにモデルとなった建築があります。どこの建築を再現しているのか探求するのも楽しみのひとつです。

写真の城門は、明らかにオランダで訪れたデルフトの東の門を模しています。しかし、一五ページのオリジナルと比較すると、付属屋の四連アーチが門と直交方向にも延びているのが異なっています。ハウステンボスにおける運河との配置条件でそうなったのでしょうか。

この門の煉瓦は、デルフトの建築らしく「オランダ積み」で、出隅は「七五」で納めています。ただ、出隅の左右で、長手の段、小口の段が連続しています。オリジナルの門は、時代が古く不規則な部分もありますから、忠実でなくてもやむを得ないでしょう。また、この門の後ろに建つ高い塔はユトレヒトの塔を模しているので、このような風景はオランダにはありません。

城門を内側から見る

古都デルフト「東の門」を模しています

城門の内側

出隅は「七五」で納めています

ハウステンボスでは珍しく、この建築はデルフトの城門であることが明記されています

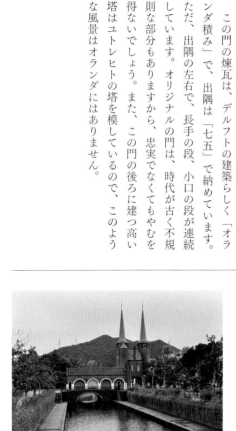

右上の塔は、アルクマールに建っているアクセインス塔をモデルにしています。オリジナルは、一六二二年に建設された税関のようです。一六二二年ですと、「オランダ積み」が確立していた時期と考えられます。かなり忠実な再現のようで、出隅は「七五」を用いて納めています。オリジナルもそうですが、出隅の左右で長手の段と小口の段が入れ替わっています。このような納まりの建築もハウステンボスには数多くあります。

左上の小さな建物は、ハウステンボスの入り口近くに建っているものです。オランダの建築の特徴である破風（ゲーブル）を見せずに、寄棟の屋根が掛けられています。オランダの郊外にはよく見られるもので、これもオランダらしい建築です。桟瓦の屋根もオランダの造り方ですが、窓周りが「ようかん」で納められています。

ハウステンボスの建築は、窓間や柱型の幅も、煉瓦の大きさを単位として設計されています。煉瓦の色はさまざまですが、オランダらしい積み方です。

左下の写真のように、見る方向によっては、目地が階段状になっていることがはっきりとわかります。これぞ、「オランダ積み」です。

ハウステンボス入り口付近の建物

アクセインス塔をモデルにした塔

「ようかん」で納めた窓周り

目地が階段状に見えます

出隅の左右で長手と小口の段が入れ替わっています

祖国オランダとの相違点

ユトレヒトのドム教会の塔を模したドムトールンに上ると、ハウステンボスを一望することができます。広場の中央に建つ建築は、ゴーダの市役所を模したもので石造の表現です。

ハウステンボスの建築は、オランダの建築を忠実に再現していますが、日本風に変えているところもあります。建物の入り口のドアが外開きになっているのがそのひとつです。ヨーロッパのほとんどの国では、玄関のドアは内開きなのです。

そのことと関連して、壁の厚さが本来の煉瓦による組積造に比べて薄いことも、ハウステンボスの建築が祖国のものと異なっている点でもあります。しかし、オランダの建築を再現しているという点では、十分合格点でしょう。

鉄道駅の近くに建つホテルは、アムステルダム中央駅を模したものですが、外観上は東京駅とは似て非なるものであることがわかるでしょう。煉瓦の表現も、もちろんまったく異なります。

煉瓦の積み方、特に近世の積み方の起源を知るためにはオランダを訪れるのがいちばんですが、ハウステンボスでも十分に煉瓦の積み方を確認することができます。

外開きのドア

ドムトールンからの眺め

破風（ゲーブル）を強調するオランダらしい街並みも、
いたるところに見ることができます

市役所

鉄道駅の近くに建つホテル

アムステルダム中央駅

旅を終えて――あとがき

オランダへ頻繁に旅をしていたのは、私の専門である「建築構法」に関連して、興味深い事例の多い集合住宅の調査をしたり、ハウジングに関する国際会議に何度も参加したりしていたからでした。建築構法とは建築の造り方を扱う分野であり、大学の講義でも、その一環として煉瓦の積み方を教えていましたが、現代では煉瓦の積み方は教育の対象であっても、研究対象にはなりません。

そのような中、日本で言われている「オランダ積み」が、頻繁に通ったオランダで見てきた煉瓦の積み方と異なっていると気付き、煉瓦の積み方に強い関心を抱くようになったのです。

私は恩師の内田祥哉先生の監修のもと、先輩の先生方と、『建築構法』(市ヶ谷出版社)という書籍を一九八一年に出版しました。この本は建築構法分野の定本となり、未だに教科書としてかなりの学校で使われていますが、この本では、「イギリス積み」と「フレミッシュ積み」のみを紹介し、「オランダ積み」には触れていません。そのくらい、日本では「オランダ積み」への関心が薄かったのです。一方、建築学を学ぶほとんどの学生が購入する日本建築学会発行の『構造用教材』では、一九四八年の初版には「オランダ積」の図が載っていました。その図版は一九五九年の版でいったん消えましたが、一九八五年の改訂版で再び「オランダ積み」が掲載され、現在に至っています。

この「オランダ積み」の図がおかしいのではないかと気が付いたのは、一九九六年に第三版となった『建築構法』の改訂作業をしているころでした。また、一九九八年に発行された『建築ヴィジュアル辞典』(彰国社)の翻訳作業をしていて、やはり日本で言われている「オランダ積み」は間違っているのではないかと思うようになりました。一九九六年に六度目のオランダ旅行を、そして翌一九九七年に七度目の訪問をして、そのことを確信した次第です。

一九九七年に、当時教えていた東京都立大学建築学科の卒論生だった吉川求さんに、明治時代からの煉瓦積みに関する記述、特に「オランダ積み」について調べてみてはどうかと持ち掛けたところ、彼は素晴らしい文献調査をしてくれました。そして、間違った「オランダ積み」が広まった経緯を明らかにしてくれたのです。その成果は、一九九八年の日本建築学会大会で発表しています(注参照)。

その後は、ヨーロッパを旅するたびに、各地の煉瓦造の建築を観察し、写真を撮るように努めてきました。そして、機会があると、日本の「オランダ積み」の記述は間違っていると発言してきました。しかし、専門の研究分野ではないため、書籍に纏めることなどは考えていませんでしたが、このたび、鹿島出版会の坪内文生さんのお薦めがあって、本にまとめることを決心した次第です。

学術書ではないので、本来は行うべき文献調査などは行っていません。むしろ、過去の書籍が誤解を生みだした側面もあるので、自分の目で見て確認したことを頼りに、各地の煉瓦積みの様子を記述してみようと決めました。見たこと、感じたことの記述ですので、思い違い、誤解も多々あると思います。それらについては、ご教示いただければ幸いです。

掲載した写真は、すべて私自身が撮影したものですが、五〇年前のものもありますし、素人写真であることはお許しいただきたいと思います。出版に際しては、東京大学や法務省などのご協力を仰ぎました。感謝申し上げます。個々には記しませんが、ほかにも、さまざまな方々に応援していただきました。

出版にあたって、鹿島出版会の久保田昭子さんにたいへんお世話になりました。特に紙面のレイアウトに関しては、かなりわがままを申し上げました。ご苦労をおかけしたと思います。

一〇年前に大学を定年退職してからは、さまざまな仕事のお手伝いをさせていただきながら、ヨーロッパを中心に旅を続けることができました。その結果でもある本書が、皆様に「煉瓦積み」を理解していただく一助になれば幸いです。

私自身は、今後も煉瓦を巡る旅を続けていきたいと思っています。続編を出すことができれば嬉しいのですが……。

二〇二二年八月

深尾精一

本書は、一般財団法人 住総研の二〇二一年度出版助成を得て出版されたものです。

注――深尾精一、吉川 求「日本の文献における「オランダ積み」の記述と説明図の変遷：オランダ積みに関する研究　その1」『日本建築学会大会梗概集［建築計画］』五三〇九、一九九八年七月

吉川 求、深尾精一「欧米の文献における「オランダ積み」の記述と説明図及び出隅部分の呼称：オランダ積みに関する研究－その2」『日本建築学会大会梗概集［建築計画］』五三一〇、一九九八年七月

深尾精一 Seiichi Fukao

首都大学東京名誉教授。
一九四九年生まれ、東京都出身。

専門は建築構法、建築計画、建築設計。集合住宅の構法、外周壁の構法、寸法調整手法、建築ストック活用計画などを主な研究分野とする。

一九七一年、東京大学工学部建築学科卒業。一九七六年、東京大学大学院工学系研究科建築学専攻博士課程修了（工学博士）。早川正夫建築設計事務所勤務の後、一九七七年、東京都立大学工学部建築工学科助教授、一九九五年、同教授、二〇〇五年、首都大学東京都市環境学部教授（大学改組による）。二〇一三年、首都大学東京を定年退職。名誉教授。

中央建築士審査会会長、国土交通省社会資本整備審議会建築分科会会長などを歴任。

主な作品に武蔵大学科学情報センター（一九八八年、協働作品。一九八九年日本建築学会作品選集）、実験集合住宅NEXT21（一九九三年、協働作品。一九九六年日本建築学会作品選奨受賞）、繁柱の家（一九九六年。一九九九年日本建築学会作品選奨受賞）、軽井沢朗読館（二〇〇九年。二〇一三年軽井沢緑の景観優秀賞）など。

主な著書に『建築構法』（共著、市ヶ谷出版社、一九八一年）、『住まいの構造・構法』（放送大学教育振興会、二〇〇四年）、『建築ヴィジュアル辞典』（共訳、彰国社、一九九八年）、『建築を広く、時には深く 深尾精一先生退職記念論集』（深尾精一先生退職記念事業準備会、二〇一三年）など。二〇〇一年日本建築学会賞（論文）、二〇〇七年都市住宅学会賞（著作）を受賞。

旅《たび》する煉瓦《れんが》

二〇二二年一〇月三〇日 第一刷発行
二〇二四年　四月三〇日 第二刷発行

著者
深尾《ふかお》精一《せいいち》

発行者
新妻 充

発行所
鹿島出版会
〒一〇四-〇〇六一
東京都中央区銀座六-一七-一 銀座六丁目-SQUARE七階
電話 〇三-六二六四-二三〇一
振替 〇〇一六〇-二-一八〇八八三

印刷・製本
シナノ印刷

DTP ホリエテクニカル

ISBN 978-4-306-04694-8 C3052

本書の内容に関するご意見・ご感想は左記までお寄せ下さい。
URL：https://www.kajima-publishing.co.jp/
e-mail：info@kajima-publishing.co.jp